藝　文　叢　刊

道德真經集注　下

〔宋〕彭耜　纂集
閩中　點校

浙江人民美術出版社

圖書在版編目（CIP）數據

道德真經集注 / (宋) 彭耜纂集 ; 聞中點校. -- 杭州 : 浙江人民美術出版社, 2021.8
（藝文叢刊）
ISBN 978-7-5340-7005-1

Ⅰ.①道… Ⅱ.①彭… ②聞… Ⅲ.①道家②《道德經》—注釋 Ⅳ. ①B223.12

中國版本圖書館CIP數據核字(2019)第094716號

道德真經集注卷之十二

宋鶴林真逸彭耜纂集

大成若缺章第四十五

大成若缺，其用不敝；大盈若沖，其用不窮。大直若屈，大巧若拙，大辯若訥。

御注曰：域中有四大，道居一焉。體道之全，故可名於大。無成與虧，是謂大成。不有其成，故若缺，故其用不敝。此孔子所以集大成而爲聖之時。

碧虚子陳景元曰：大成謂全德之君子，如大壑，酌之而不竭，明鑑應之而不疲，故曰其用不敝。盛德大業者，謙沖而不驕，富貴滿堵者，虛儉而不奢，所用豈能窮匱。大直者，謂隨物而直，彼含垢而不申其直，不在己，故若屈也。大巧者，謂因物性之自然而成器用，不造爲異端，故若拙也。

涑水司馬光曰：物成必毀，盈必溢。理之常也。有道者雖成若缺，雖盈若沖，故不弊不窮。

潁濱蘇轍曰：天下以不缺爲成，故成必有弊。以不虛爲盈，故盈必有窮。聖人要於大成，而不恤其缺，期於大盈，而不惡其沖，是以成而不弊，盈而不窮也。直而不屈，其直必折，循理而行，雖曲而直。巧而不拙，其巧必勞，付物自然，雖拙而巧。辯而不訥，其辯必窮，因理而言，雖訥而辯。

臨川王安石曰：萬物始乎是，終乎是，是大成也。

陸佃曰：大成不見其足，故若缺。大盈不見其溢，故若沖。大直不見其伸，故若屈。大巧不見其力，故若拙。大辯不見其給，故若訥。

清源子劉驥曰：道無成虧，故謂之大成。道無盈虛，故謂之大盈。不有其成，故若缺。不見其盈，故若沖。成必有虧，以其若缺，故其用不敝。盈必有虛，以其若沖，故其用不窮。大直者，直而不肆，故若屈。大巧者，不爲而成，故若拙。大辯者，不言之教，故若訥。

黃茂材曰：苟不知道，其誰肯以屈拙訥自處哉。

躁勝寒，靜勝熱。清靜爲天下正。

御注曰：陽動而躁，故勝寒。陰止而靜，故勝熱。二者毗乎陰陽而不適乎中，方且爲物汩，方且與動争，烏能正天下。惟無勝寒之躁，勝熱之静，則不雜而清，抱神以静，天下將自正。

碧虚子陳景元曰：躁，動也。言春夏陽氣發於地上，萬物因之以生，物極則反，故夏至則一陰生乎其中矣。氣動極則寒，寒則萬物以衰死，明躁爲死本，盛爲衰原。夫至清者在濁，而物莫能滑亂；至静者處動，而事莫能溷撓。且大成大盈大直大巧大辯，則有不獘不窮若屈若缺若訥以對之，惟清惟静，則可以持衆事而爲天下之中正者也。莊子曰：抱神以静，形將自正。必静必清，無勞汝形，無摇汝精，乃可以長生也。

潁濱蘇轍曰：成而不缺，盈而不沖，直而不屈，巧而不拙，辯而不訥，譬如躁之不能静，静之不能躁耳。夫躁能勝寒而不能勝熱，静能勝熱而不能勝寒，皆滯於一偏而非其正也。唯泊然清静，不染於一，非成非缺，非盈非沖，非直非屈，非巧非拙，非辯非訥，而後無所不勝，可以爲天下正矣。

達真子曰：春與夏則萬物動之時也，動之極則有寒之者至焉，故曰躁勝寒，是躁勝之時必有寒也；秋與冬則萬物静之時也，静之極則有熱之者至焉，故曰静勝熱，是静勝之時必有熱也，此理之必然矣，皆出於勝極之所致也。惟大成猶若缺，大盈猶若沖，大直猶若屈，大巧猶若拙，大辯猶若訥，皆無其勝極之心也。心無勝極，則清不爲物所污，静不爲動所誘，若是則心之所造其有不正哉。故曰清静爲天下正。

葉夢得曰：《春秋》傳曰：正直爲正，正曲爲直。清静之爲天下正，正其直者也。

黄茂材曰：有天之寒暑，有人之寒暑，墮脂折膠，天之寒亦甚矣，而躁則勝之。爍石流金，天之暑亦酷矣，而静則勝之。乃知人身自有一宇宙，其寒暑足以勝天之寒暑，若其知道，清静自然，則可同於太極，爲天下正，何止於勝之。

天下有道章第四十六

天下有道，却走馬以糞；天下無道，戎馬生於郊。

御注曰：以道治天下者，民各樂其業，而無所争，糞其田疇而已。强陵弱，衆暴寡，雖疆界不能正也。

碧虚子陳景元曰：却，屏去也；糞，治田也；郊，交也，言二國相交之境也。天下有道，謂時之泰也，兵甲寢息，人多務本，户競農桑，屏去走馬之武功，而歸治田之常業；天下無道，謂時之否也，强弱相陵，人皆失業，習尚戰争，自然戎馬生於郊境之上。

道真仁静先生曹道沖曰：去走馬以息戰，民耕桑以糞田，内若意馬不馳，丹田自實，如不務道，而好兵，則戎馬生於郊野。

達真子曰：走馬者，亡戰之馬也；戎馬者，備戰之馬也。國之戰敵，皆棄道徇欲所致之然也。天下有道，無所事於戰敵，故却其走馬，則同於糞壤；天下無道，有所事於戰，故戎馬生於郊。

清源子劉驥曰：莊子所謂野馬塵埃，以馬喻氣也。楊子亦言，氣也者，所以適善惡之馬也歟。氣之盛衰，繫心動静，心静氣正，心動氣奔，有道之士，其心既静，其氣徐清，其息自滅，從滅至無，凝然自定，故却走馬以糞，糞者，糞其根本，謂其歸根返本也。天下無道，忘道逐物，其心既動，其氣自奔，嗜慾氣邪，妄想氣亂，故戎馬生於郊。莊子所謂坐馳，亦此之謂也。

黄茂材曰：至治之世，以道莅天下，何用走馬，却以糞宜矣。及其有事且急也，非戎馬無以遏亂，略乃使生於近郊，蓋有不得已焉。如人日衰，疾病間作，捨醫藥不可。夫攝生者，而至於用醫藥，其於道不亦遠乎。

罪莫大於可欲，禍莫大於不知足，咎莫大於欲得，故知足之足，常足矣。

御注曰：人見可欲，則不知足，不知足則欲得，欲得則争端起而禍亂作，禍亂作則戎馬生於郊。然則知足而各安其性命之分，無所施其智巧也，日用飲食而已，何争亂之有。

碧虚子陳景元曰：犯法爲罪，夫人有欲愛之心者，則非理貪求，奔馳而不反，是故逐秋毫之微者，失太山之重，爲罪之因，莫重乎可欲也。列子曰：齊人有欲金者，清旦衣冠而之市，適鬻金者之所，因攫其金而去，吏捕得之，問曰：人皆在焉，子攫人之金何。對曰：取金之時不見人，徒見金夫。觀於濁水，而迷於清淵者，不照也，禍害也。可欲者於貪求之中尚有數耳，不知足者凡經歷於目而無一可捨，滿不知損，亡敗及之，故禍釁之發，莫大乎不知足也。咎，殃咎也，物之經目猶有限也，天下之物見與不見，咸欲得之，使盡在己，而靡有孑遺者，此無道之甚也，小則害身，大則喪國，得不戒哉。

潁濱蘇轍曰：匹夫有一於身，患必及之，侯王而爲是，必戎馬之所自起也。知足者，所遇而足，故無不足也。

臨川王安石曰：墨子曰，非無安居也，我無足心也；非無足財也，我無足心也。萬物常至於足而有所謂不足者，以其無足心也。得道者知其足心足財，故曰知足之足，常足矣。

道真仁靜先生曹道沖曰：不知足者，足亦不足。知足則不足常足。

達真子曰：罪者，人加也；禍者，鬼責也；咎者，天伐也。人之罪未深於鬼禍，鬼之禍未深於天之殃咎也。凡無道徇欲者，必致乎此。知足者，足於道而不足於物，足於内而不足於外，是以舉無不足也。故知足之足則常足矣。若是，則奚有罪禍咎之及己哉。

清源子劉驥曰：人之有欲，至於決性命之情以争之，故罪莫大於可欲。若不知足，則攘奪誕謾，無所不至，故禍莫大於不知足。欲得則所欲必得，恣縱之甚，殃咎尤大。然此三事不過衣食適身充口之外，皆是餘物，故繼之以知足。知足，則定乎性命之分，逍遥於天地之間，而心意自得，何禍咎之有，故知足之足，常足矣。

黄茂材曰：人有三患，可欲也，不知足也，欲得也。一性之内，無欠無餘，人能知之，無適不足。

程大昌曰：可讀當如許可之可，人之有欲者，不加制遏，顧乃自恕自許，以爲無害者也。世人縱欲而不知足者，未必不幸；於一勝，所欲既遂，則秦人盡兼天下，而還以兵亡，是其禍也。漢文帝之罷露臺也，自言其心曰：吾奉先帝宫室，常恐羞之，何以臺爲；及其謝諸將用兵，則又曰：朕能勝衣冠，念不到此。故雖拊髀歎頗牧，飲食念鉅鹿，而十萬横行可樂之言，終不聽也。武帝繼之，奢侈踰於古初，郡縣亘乎四夷，而哆然未厭也。由後世言之，文帝爲足乎，武帝爲足乎。

不出户章第四十七

不出户，知天下；不窺牖，見天道。

碧虚子陳景元曰：當食而思天下之飢，當衣而思天下之寒，愛其親知天下之有耆老，憐其子知天下之有稚幼，夫如是，又何出户而知天下哉。

涑水司馬光曰：得其宗本。

潁濱蘇轍曰：性之爲體，充遍宇宙，無遠近古今之異。古之聖人，其所以不出户牖，而無所不知者，特其性全故耳。

陸佃曰：萬物皆備於我，有天道焉，有地道焉，有人道焉。

葉夢得曰：雖山河不能爲之礙，況户牖乎。

黄茂材曰：天地萬物，其道一也。

林東曰：撫我則后，虐我則仇，天下之心何難知之有；所福者善，所禍者淫，天之道何難見之有。此其不出户，亦可知；不窺牖，亦可見。

其出彌遠，其知彌少。

御注曰：去道彌遠。

涑水司馬光曰：去本逐末。

潁濱蘇轍曰：世之人爲物所蔽，性分於耳目，内爲身心之所紛亂，外爲山河之所障塞，見不出視，聞不出聽，户牖之微，能蔽而絶之，不知聖人復性而足，乃欲出而求之，是以彌遠而彌少也。

道真仁静先生曹道沖曰：雖遠愈迷。

葉夢得曰：有不能達，則播糠眯目，天地且爲之易位。

清源子劉驥曰：離静而動，故其知彌少。

是以聖人不行而知，不見而名，不爲而成。

碧虚子陳景元曰：蓋由得之於身心，而施之萬事。

涑水司馬光曰：至理不易。

潁濱蘇轍曰：性之所及，非特能知能名而已，蓋可以因物之自然，不勞而成之矣。

道真仁静先生曹道沖曰：契理即知，何必親見。

林東曰：亦道在邇，而求諸遠意。

爲學日益章第四十八

爲學日益，爲道日損，損之又損，以至於無爲，而無不爲矣。

御注曰：學以致其道，始乎爲士，終乎爲聖。日加益而道積於厥躬，孔子謂顔淵曰，吾見其進也。致道者，墮支體，黜聰明，離形去智，而萬事銷忘，故日損。

潁濱蘇轍曰：苟一日知道，顧視萬物無一非妄。

臨川王安石曰：爲學者，窮理也；爲道者，盡性也。性在物謂之理，則天下之理無不得，故曰日益。天下之理宜存之於無，故曰日損。窮理盡性，必至於復命，故損之又損之，以至於無爲者，復命也。然命不亟復也，必至於消之，復之，然後至於命，故曰損之又損之，以至於無爲。然無爲也，亦未嘗不爲，故曰無爲而無不爲。

陸佃曰：爲學日益，此智者也；爲道日損，此仁者也；損之又損之，至於無爲而無不爲，聖人也。智者所以窮理，而將以增其所無；仁者所以盡性，而將以減其所有，故有日損；若夫聖人，則所謂至命者也，無所不有，故無日益，無所不益，故無日損。

道真仁静先生曹道沖曰：損者，減也。世之學，求之於外，外事紛葩，故尚於多知博聞，日加其能，以遊名利之場。道之學者，其志在内，内事簡直，故貴於息心養氣，日踐其事，以遊道德之鄉。勞役精神氣血，皆以削除減之、損之，以至無爲無事。

陳象古曰：學者有漸從少至多，故曰有益；道成則藏其用秘其明，故曰日損。

黄茂材曰：無所不知，而後可以言學，故學欲日益，忘其所知，而後可以言道，故道欲日損。益者易進，損者難忘，損而未能忘其損，未爲損也，損之而忘其損，乃可至於無爲之地。

潁濱蘇轍曰：無所不爲，而不失於無爲矣。

故取天下者，常以無事。及其有事，不足以取天下。

道真仁静先生曹道沖曰：以道自治，無心而天下自服。法以係之，力以率之，智以籠之，威以加之，故有不服之者。天下者，通言萬物也。

達真子曰：無心則無爲，無爲則無事。舜禹有天下而不與，蓋其無心及於無爲，無爲及於無事故也。

潁濱蘇轍曰：人皆有欲取天下之心，故造事而求之，心見於外而物惡之，故終不可得。聖人無爲，故無事，其心見於外，而物安之，雖不取天下，而天下歸之矣。

黄茂材曰：深於道者，爲無爲，事無事，若其有事，豈足以取天下。

聖人無常心章第四十九

聖人無常心，以百姓心爲心。

御注曰：聖人之心，萬物之照也。虚而能受，静而能應，統觀萬物而知其情，因民而已。此之謂以百姓心爲心。莊子曰，卑而不可不因者，民也。

碧虚子陳景元曰：聖人體道無爲，虚心待物，物感斯應，應其所感，感既不一，故應無常心。莊子曰，至人之用心若鏡，不將不迎，應而不藏，故能勝物而不傷，此乃聖人無常心也。

潁濱蘇轍曰：虚空無形，因萬物之形以爲形，在方爲方，在圓爲圓，如使空自有形，則何以形萬物哉。是以聖人無心，因百姓之心以爲心。

臨川王安石曰：聖人無心，故無思無爲。雖然，無思也未嘗不思，無爲也未嘗不爲，以吉凶與民同患故也。

黄茂材曰：有常德，有常道，何獨無常心。有常德，有常道，所以處己。無常心，所以處世。天下之人如此，其不一也，而使其心皆如吾之心，豈不繁然亂哉。故聖人不以己之心爲心，而以百姓之心爲心，欲與天下大同也歟。

善者吾善之，不善者吾亦善之，德善矣；信者吾信之，不信者吾亦信之，德信矣。

御注曰：善否相非，誕信相譏，世俗之情，自爲同異，豈德也哉。德善則見百行無非善者，故不善者亦善之。德信則見萬情無非信者，故不信者亦信之。真僞兩忘，是非一致，是全德之人。此舜之於象，所以誠信而喜之。

潁濱蘇轍曰：無善不善，皆善之。無信不信，皆信之。善不善信不信在彼，而吾之所以善之信之者，未嘗渝也。可謂德善德信矣。不然，善善而棄不善，信信而棄不信，豈所謂常善救人而無棄人哉。

道真仁静先生曹道沖曰：爾善吾豈不以爲善，而爾自不善，吾亦善之；爾信吾固信之，爾雖無信，吾亦信之。

黄茂材曰：善其善，不善其不善，則所善者寡矣。信其信，不信其不信，則所信者狹矣。天下之大，人物之衆，孰善孰不善，孰信孰不信。聖人未嘗有棄物之心，故善者吾善之，不善者吾亦善之；未嘗有疑物之心，故信者吾信之，不信者吾亦信之。夫然則吾心之中，無適而非善信，是爲德善德信。

聖人之在天下，慄慄爲天下渾心。百姓皆注其耳目，聖人皆孩之。

御注曰：方其在天下，則吉凶與民同患。雖無常心，而不可以不戒，故所以爲己，則慄慄然不自暇逸；所以爲天下，則齊善否，同信誕，兩忘而閉其所譽，渾然而已。聖人作，而萬物覩，故百姓皆注其耳目。百姓惟聖人之視聽，則聖人者，民之父母也。矜憐撫奄，若保赤子，而仁覆天下。

碧虚子陳景元曰：慄慄，憂勤貌，又不停貌。渾者，無分別也。陸希聲曰：聖人在天下，愉然應彼物感，未嘗少息，而其心渾然與天下爲一，未嘗自有所爲。故仲尼之所絶者有四，謂無意、無必、無固、無我，是以能無可無不可，無爲無不爲也。河上公本作怵怵，王弼本作歙歙。注，傾也。聖人以無爲德化，不逆萬物之情，故百姓被其聖德，而各遂其能，明者爲眡，聰者爲聽，皆傾注其耳目，以效聖人自然之法，而聖人冕旒垂目，黈纊塞耳，不勞身於聰明，不察物於幽隱，撫念蒼生，皆如赤子，寧忍以事騷撓，惟孩之而已矣。

潁濱蘇轍曰：天下善惡信僞，方各自是以相非相賊，不知所定，聖人憂之，故慄爲天下渾其心，無善惡，無信僞，皆以一待之。彼方注其耳目，以觀聖人之予奪，而吾一以嬰兒遇之。於善無所喜，於惡無所嫉，夫是以善者不矜，惡者不慍，釋然皆化，而天下始定矣。

王雱曰：惵惵者，恐懼之意。聖人以天下爲心，所以建立萬法。天下以聖人爲心，所以歸復大道。心者，能覺知分別。而聖人務使人復於無知，故曰渾心也。一本作歙歙，歙歙，收斂之意，亦通也。

道真仁静先生曹道沖曰：聖人忘言，不得已而惵惵垂誨，欲令天下之心渾合爲一。至言皆注知於百姓耳目，冀其開悟，哀憐愚昧之至也。聖人欲令其去澆競，皆返孩稚之樸，此聖人視赤子之至誠如是。

達真子曰：惵惵者，恐畏之謂也。聖人之在天下，常恐畏其人之不善，欲使之皆善，常恐畏其人之不信，欲使之皆信，故善者應，不善者亦應，信者應，不信者亦應，故爲天下渾其心，則此所謂無常心也。若是，則百姓皆注其耳，則莫不聽也。百姓皆注其目，則莫不視也。百姓視聽皆一，仰於聖人者何哉，以聖人皆孩之也，故曰聖人皆孩之。

陳象古曰：言百姓隨教順治，未有所能如孩童之就乳，不難率也。

黄茂材曰：謂之聖人出，而與民同患者也。天下之人，孰不注其耳目。今也慄慄然渾其心，無所是非，無所好惡，可以使民由之，而不知孩者未有知也。

程大昌曰：若嬰兒之未孩，則孩也者，又嬰兒之稚者也。孟子曰：大人不失赤子之心者也。則赤子也者，取其方爲嬰兒，而真淳尤爲未散者也。百姓既注其耳目，而聖人遂求有以復其赤子之初。

出生入死章第五十

出生入死。

御注曰：萬物皆出於機，入於機。天機自張，與出俱生；天機自止，與入俱死。

生者，造化之所始；死者，陰陽之所變。

碧虚子陳景元曰：未出乎域中者也。

涑水司馬光曰：出生地則入死地。

潁濱蘇轍曰：性無生死，出則爲生，入則爲死。

生之徒十有三，死之徒十有三；民之生，動之死地亦十有三。

碧虚子陳景元曰：徒，類也。生之徒，謂攝生者之類也。死之徒，謂趨死者之類也。十有三者，韓非曰，四肢與九竅十有三，動静屬於生死焉。夫善攝生者，目不妄眡於采色，耳不妄聽於淫聲，鼻不妄嗅於穢腥，口不妄言於非道，手不妄持於凶器，足不妄履於邪徑，動静儵然，諸惡莫犯，此乃長生之徒也。趨死者目亂於采色，耳耽於淫聲，鼻因於穢膻，口美於非道，手便於凶器，足捷於邪徑，動静没溺，諸吉無有，此乃近死之徒也。夫生死之原皆係此十三事矣。孫登曰：天地之物，有生之類，順理者寡，逆理者衆，故十分之中，順理者三耳。夫生不以道，死不以理，順生者尠，則逆死者多，故死之中順命者三耳。或解云，三業十惡能制伏者，長生之徒，放縱者，近死之徒，以理推之，九竅四肢最長。

涑水司馬光曰：言十人之中，大約柔弱以保其生者三，剛强以速其死者三，雖志在愛生，而不免於趨死者亦三。其所以愛生而趨死者，由其自奉養太厚故也

潁濱蘇轍曰：用物取精，以自滋養者，生之徒也。聲色臭味，以自戕賊者，死之徒也。二者既分，生死之道矣。吾又知作而不知休，知言而不知默，知思而不知忘，以趨於盡，則所謂動而之死地者也。生死之道，以十言之，三者各居其三矣，豈非生死之道九，而不生不死之道一而已乎。不生不死則《易》所謂寂然不動者也。老子言其九不言其一，使人自得之，以寄無思無爲之妙也。

臨川王安石曰：有求生以惡滅者，生之徒十有三是也；有求滅而惡生者，死之徒十有三是也；有生無異於死者，動之死地，亦十有三是也。惟其不悟真滅真生，是以不脱輪迴，故曰生之徒十有三，死之徒十有三，動之死地亦十有三。

道真仁静先生曹道沖曰：修生者，若奉黄老之道，求長生不死者也，亦十中或有三得之。死之徒，若奉釋氏修無生寂滅之道，亦十中或有三得之。既不達黄老長生之旨，又不悟釋氏無生之性，故其數終則死，而枉縱之人，不得天數，凡所動作皆趨速死之地；又非修無生不往不來之法，皆以嗜慾動，則就虧神損道之地十中亦有三，以此而自致傷夭之者。

三峨了一子李文惒曰：夫坎水，子位，在人爲腎，宜實而不宜虚，元陽復還之生門也。離火，午位，在人爲心，宜虚而不宜實，衆陰剝陽之死户也。是以人能修坎則生，役離則死，故攝生者悟精氣之生身在乎坎，妄念之喪神在乎離，故自少至老，一周十二辰，消而從坎重復，即生之徒十有三，重陽而再益，火滅而益膏也。不善攝生者，莫知生理，役用從離，妄念縱慾，故自少至老，亦一周十二辰，消而自離再姤，即死之徒十有三，重陰而再損，膏竭而益火也。

葉夢得曰：十有三，四肢九竅是也。老氏蓋嘗以有身爲大患矣，而昧者不察，累於有身之患，皆無能外此十有三物之間，使能知其非我有，則超然乃立乎形骸之外，豈出入之所得名。然而沉迷轉徙，自壯至老，日化而至於死，非特不知生，而且其動而趨焉者，未嘗不之於死地也。則亦以是十有三物而已。

黄茂材曰：坎爲水，水數六，離爲火，火數七，凡十有三也。

林東曰：出於胚胎則爲生，體魄入地則爲死，雖有生死，而九竅四肢，生死俱焉。一身之中，上七竅而下二竅，兩手兩足，故謂十有三也。然動之死地亦十有三，蓋以自戕自賊，動與惡會，而自趨死地，亦十有三。

本來子邵若愚曰：老子以十分爲率而言之，生之徒十分中有三分，死之徒十分中有三分，又有民之緣求養生，動之死地，亦十分中有三分。緣生之徒心著有，死之徒心著無，民之生心著境，三者心有所著，皆居生死之地。

夫何故，以其生生之厚。

御注曰：不知身之爲大患。

潁濱蘇轍曰：有生則有死，故生之徒則死之徒也。人之所賴於生者厚，則死之道常十九。

蓋聞善攝生者，陸行不遇兕虎，入軍不被甲兵，兕無所投其角，虎無所措其爪，兵無所容其刃。夫何故，以其無死地。

碧虛子陳景元曰：諸惡害其有情，而不損其無心。

潁濱蘇轍曰：至人常在不生不死中，生地且無，安有死地哉。

達真子曰：凡言攝者，皆非己所有也。能齊死生，則以生爲假攝而已。

陳象古曰：外境之來，於我何有。

道生之章第五十一

道生之，德畜之，物形之，勢成之。是以萬物莫不遵道而貴德。道之尊，德之貴，莫之爵，而常自然。

碧虚子陳景元曰：道者，虚無之體；德者，自然之用。道體虚無，運動而生物，物從道受氣，故曰生之；德用自然，包含而畜物，物自德養形，故曰畜之。凡動植之類，皆本道而生，因德而養，物質方具，故形之。物既形矣，則隨四時之勢而成之。道降純精而生物之性，德含和氣而養物之形，道可以爲父，德可以爲母，由此而言，萬物無有不尊仰於道，而貴重於德也。爵者，錫命也，世之所以尊貴者，皆因王者之爵命，萬物咸被道德生成之功，而尊貴若父母者，是道德非假於爵命而常自然，有所攝伏也。

潁濱蘇轍曰：道者，萬物之母，故生萬物者，道也。及其運而爲德，牧養群衆而不辭，故畜萬物者，德也。然而道德則不能以自形，因物而後形見。物則不能自成，遠近相取，剛柔相交，積而爲勢，而後興亡治亂之變成矣。

王雱曰：德者，道之分；物者，德之器；勢者，物之理。道尊而德卑，德貴而物賤。尊者如君父，貴者如金玉。命於天則爲天子，命於天子則爲諸侯，有所受命，則出命者能賤之矣。惟道在萬物之先，而制其命，孰能爵之，故常自然也。

清源子劉驥曰：萬物之尊道而貴德也，迎之不見其首，隨之不見其後，不可得而尊，故不可得而卑，不可得而貴，故不可得而賤，所以莫之爵，而常自然也。

黄茂材曰：道有常尊，不待物而尊；德有常貴，不因物而貴。非如人爵者也，人爵尊貴，出於使然，道德尊貴，自然而已。

故道生之，畜之，長之，育之，成之，熟之，養之，覆之，生而不有，爲而不恃，長而不宰，是謂玄德。

御注曰：别而言，則有道德勢物之異，合而言，則皆出於道。道者，萬物之奥也。萬物化作而道與之生，萬物斂藏而道與之成。出乎震，成乎艮，養乎坤，覆乎乾，剛柔相摩，八卦相盪，若有機緘，不能自已，道實冒之。

碧虚子陳景元曰：此八者皆大道之元功，肖翹蠉動之物，得不尊之貴之乎。道之生乎萬物，若顯其有則收其仁矣；養乎萬物，若恃其爲則居其功矣。長育群材，成熟庶品，養覆動植，若矜其宰，則處其長矣。有是而退藏於密，可謂陰德深矣遠矣。

臨川王安石曰：此三者皆出於無我，故謂之元德。

黄茂材曰：道之與德，相爲用也。始言其道之大，終言其德之元。元者，妙也，非妙不足以繼其道。

道德真經集注卷之十三

宋鶴林真逸彭耜纂集

天下有始章第五十二

天下有始，以爲天下母。既得其母，以知其子，既知其子，復守其母，没身不殆。

御注曰：無名天地之始，有名萬物之母，始與母皆道也。自其氣之始則謂之始，自其生生則謂之母，有始則能生生矣。道能母萬物而字之，則物者其子也。通於道者兼物，物故得其母，以知其子。多聞則守之以約，多見則守之以卓，窮物之理而不累於物，達道之徼而不失其妙，則利用出入，往來不窮，可以全生，可以盡年，而無危殆之患。

碧虚子陳景元曰：成者子也，生者母也。子者一也，一爲沖氣，乃道之子，所謂道生一也。一爲道之子，道爲一之母，道爲真精之體，一爲妙物之用，既得其道體，以知其妙用，體用相須，會歸虚極。夫人既知其妙物之用，而復守其真精之體，體用冥一，應感不窮，然後可以無爲而無不爲，故能没身不殆矣。

潁濱蘇轍曰：聖人體道以周物，譬如以母知子，了然無不察也。雖其智能周之，然而未嘗以物忘道，故終守其母也。

臨川王安石曰：一陰一陽之謂道。而陰陽之中有沖氣，沖氣生於道，道者，天也，萬物之所自生，故爲天下母。夫物芸芸，各歸其根，歸根曰静，静曰復命，則得以返其本也。故曰復守其母也。

達真子曰：萬物以天地爲始，天地以道爲始，是天下之始，莫不始於道也。唯天下莫不始之於道，所以爲天下之母也。凡萬物之所資生者，母也；凡萬物之所資息者，子也。以道爲母，則天下資生於道者，皆子也。是以既得其母，以知其子矣。以其有復歸於無，以其動復歸於静，則有之者無終窮，動之者無危殆，故曰既知其子，復守其母，没身不殆。言體道之反本者能然也。

黄茂材曰：天下之生，林林如也。推其始必有生之者焉。經曰有名萬物之母，此其始生者也，故爲母，萬物，其子也。得其母而守之，則是生我者常存，而我生者不失矣，故能不殆。

塞其兑，閉其門，終身不勤；開其兑，濟其事，終身不救。

碧虚子陳景元曰：兑，目也，緘無厭之目，則諸境自絶矣。門，口也，杜多言之口，則衆禍莫干矣。諸境自絶，則嗜慾之源塞，衆禍莫干，則云爲之路閉。如是則恬澹安逸，而終身不勤。若乃不守母道者，開其愛悦之源，而弗塞則嗜慾之情長矣，通其云爲之路而弗閉。則禍患之事濟矣，如是則憂苦危亡，而終身不救也。

王雱曰：兑，悦也。人悦則形開矣，故爲兑。兑則物入之矣。門者，精神之所出也。外見諸理，形開以受之，而復出精神，與之爲構，則擾擾萬緒，自此始矣。故當塞兑閉門，常守其母也。塞兑閉門以外應物，則酬酢萬變而用常有餘。兑開物入，而復費精神用以濟事，則以内徇外，逐物往矣，一溺此流，誰能救之哉。

道真仁静先生曹道沖曰：兑，澤也。在人爲口與舌，禍福樞機，不可妄發，門謂語言視聽情念也，吉凶之應，出入於此，故閉之也。有道者掩扉塞兑，終身不勞。

清源子劉驥曰：經所謂閉塞命門，保玉都是也。内景不出，外景不入，其氣自定，其神自真。其神既真，則性入自然，與道爲一，以挈天地，以襲氣母，而入於不死不生，故終身不勤。若開其喜悦之源而弗塞，濟其愛慾之事而弗閉，則物誘於外而情動於中，氣亡液漏，精散神去，所以役役不見其成功，故終身不救。

見小曰明，守柔曰强。用其光，復歸其明。無遺身殃，是謂襲常。

御注曰：小者，道之妙。見道之妙者，自知而已，故無不明。柔者，道之本。守道之本者，自勝而已，故無不强。明者，光之體；光者，明之用。聖人之應世，從體起用，則輝散爲光，攝用歸體，則智徹爲明，顯諸仁，藏諸用，如彼日月，萬物皆照，而明未嘗虧，所以神明其德是也。物之化，無常也。惟復命者遺物離人，復歸於明，而不與物俱化，故體常而無患。

碧虚子陳景元曰：此謂防於未萌，治於未亂。守柔弱則物不能加，可謂强矣。見微小則事不能昏，可謂明矣。光者，智照也。智主外，故外照而常動，動則爲物之用。明者，慧解也。慧主内，故内景而常静。静則爲已之體。夫智照出則應事，反則歸理，是以用歸體，故曰用其光，復歸其明。不役智外照，而守慧内景，復嗜慾之未萌，而歸子母之元，故無殃，是謂密用常道者也。

潁濱蘇轍曰：夫耳之能聽，目之能視，鼻之能齅，口之能嘗，身之能觸，心之能思，皆所謂光也。蓋光與物接，物有去而明無損，是以應萬變而不窮，殃不及於其身。故其常性湛然，相襲而不絕矣。

臨川王安石曰：見小曰明者，微而見之則可謂之明，見於大則不足以謂之明，故曰見小曰明。至柔，馳騁天下之至堅也，故曰守柔曰强。用光復歸其明者，蓋光者，明之用；明者，光之體。言强則知柔之爲體，言明則知光之爲用。唯其能用其光，復歸其根，則終身不至於有咎，而能密合常久之道，故曰無遺身殃，是謂襲常。

陳象古曰：常人忽於小而重於大，干雲之木，起於葱青；千里之塗，始於足下，此見小之義也。預識先知，非明而何，揉曲木者不累日，銷金石者不累月，此柔弱勝剛强之義也。光者，照於外者也；明者，内自照者也。用其光，則知其子是也；歸其明，則復其母是也。

黄茂材曰：漢世尚黄老，有父老者，獨深得其道，蓋公諸人皆不及也，惜乎史失其名，龔勝之死，有父來吊，甚哀。既而曰：嗟乎，薰以香自燒，膏以明自銷，龔生自夭天年，非吾徒也。遂趨而出，莫知其誰。

使我介然章第五十三

使我介然有知，行於大道，唯施是畏。

碧虛子陳景元曰：畏，其不合於古道也。

潁濱蘇轍曰：體道者無知無行，無所施設而物自化。今介然有知，而行於大道，則有所施設建立，非其自然，有足畏者矣。

道真仁静先生曹道沖曰：介然，謂凝寂不動，長守大道，無爲而已。凡有所爲者，雖曰善動，至人之所畏也。

達真子曰：介者，纖介之謂，小有知於大道，猶唯施是畏，況大有知者乎。

清源子劉驥曰：知之淺矣，使我介然有知，已非道之妙。若有所施爲，則尤非自然。

黄茂材曰：夫道不可以智知，不可以力行，無所施設作爲。今有介然有知，是以智知之，行於大道，是以力行之。唯施是畏，是有所設施作爲，不亦可畏乎。

林東曰：使我介然有知，而行於大道，唯於施爲間，而無不致其畏謹，則不至於好邪徑而求捷速，不至於捨本而逐末，如下文所謂也。

大道甚夷，而民好徑。

御注曰：道夷而徑速，欲速以邀近功，而去道也，遠矣。

碧虛子陳景元曰：是以崎嶇迷惑不達。

涑水司馬光曰：道本簡易，由人之好鑿，故失道。

道真仁靜先生曹道沖曰：修身之道，自然綿綿，實爲至理。而學速求必得，故方術之家紛然并作。

清源子劉驥曰：好由捷徑以失真道，所謂甚易知，甚易行，而天下莫能知，莫能行也。

朝甚除，田甚蕪，倉甚虛。服文采，帶利劍，厭飲食，資財有餘。是謂盜誇，非道也哉。

碧虛子陳景元曰：也哉，傷嘆之詞也。唯施是畏，其在茲乎。

涑水司馬光曰：失道之國，好察近而遺遠，逐末而忘本，故視其朝若修治，而察其民實貧困。又取非其有謂之盜，德薄位尊，智小謀大，危亡將及，曾不自知，乃更矜誇以爲得意，服美不稱，積實無厭，故曰盜誇。所以有此誇者，豈非本欲行道而更鑿以致失哉。

臨川王安石曰：此逐末也。猶人趨邪徑而棄大道也。

達真子曰：失大道而由小徑者。以事物比之，則如朝甚除而日用，田甚蕪而荒塞，倉甚虚其畜積，而反服文采，帶利劍，厭飲食，以爲資財有餘，是不務修其本，而反矜施其末也。

善建不拔章第五十四

善建者不拔，善抱者不脱，子孫以祭祀不輟。

御注曰：建中以該上下，故不拔；抱一以應萬變，故不脱。建中而不外乎道，抱一而不離於精，若是者，豈特行一國與當年，蓋將及天下與來世，其傳也遠矣。

涑水司馬光曰：不拔者，深根固蒂，不可動摇。不脱者，民心懷服，不可傾奪。不輟者，享祚久長。

潁濱蘇轍曰：世豈有建而不拔，抱而不脱者乎。惟聖人知性之真，審物之妄，捐物而修身，其德充積，實無所立，而其建有不可拔者，實無所執，而其抱有不可脱者，故至其子孫，猶以祭祀不輟也。

臨川王安石曰：善建者，德建也，能德建則不拔矣。善抱者，抱一也，抱一而不離則不脱矣。能建德抱一，則德之盛。故盛德百世祭祀，祭祀者見於愈遠而不忘，故曰，子孫祭祀不輟。

陸佃曰：善閉無關鍵而不可開，故曰善建者不拔；善結無繩約而不可解，故曰善抱者不脱。

道真仁静先生曹道沖曰：深根固蔕，是謂善建，抱本守真，是謂不脱。先利於身，次及於物，又以正直清廉、仁愛之道，遺於後世，故慶及子孫，積德繼美，祭祀不絶矣。

葉夢得曰：出而有立，故謂之建；入而有守，故謂之抱。出者有本，故不可拔；入者有常，故不可脱。夫如是，則立者雖遠而愈長，守者雖近而愈久。譬之於己，非特及其身而已，垂之子孫，祭祀不輟，其事我者，無時而可亡也。

黄茂材曰：夫道獨立而不改，以是而建，則爲善建，故不拔。載營魄抱一，能無離乎，以是而抱，則爲善抱，故不脱。不拔不脱，非特可持當年，雖傳後世可也，故曰子孫以祭祀不輟。

修之身，其德乃真；修之家，其德乃餘；修之鄉，其德乃長；修之國，其德乃豐；修之天下，其德乃普。

御注曰：修之身，其德乃真，所謂道之真以治身也；修之家，其德乃餘，修之鄉，其德乃長，所謂其緒餘以治人也；修之國，其德乃豐，修之天下，其德乃普，所謂其土苴以治天下國家也。其修彌遠，其德彌廣，在我者皆其真也，在彼者特其末耳。故餘而後長，豐而後普，於道爲外。

碧虚子陳景元曰：此五者，近修諸身，而遠及天下也。夫修道於身者，心閑性淡，愛氣養神，少私寡欲，益壽延年，諸僞咸盡，乃爲真人矣。

涑水司馬光曰：皆循本以治末，由近以及遠。

王雱曰：因修身之法，而推之以及其外，餘而後長，長而後豐，豐而後普。

道真仁静先生曹道沖曰：以道修身，則神真行正，身正而天下化，况以之治家，信有餘矣。施於鄉而一鄉化矣，施於一國，其國盛矣，始自一身，徧及四海。

達真子曰：真則不僞，餘則不欠，踰於衆則曰長，足於衆則曰豐，徧於衆則曰普，凡得於道之謂德。自一身以至一家，自一家以至一鄉，自一鄉以至一國，自一國以至天下，以道爲治，則無乎不善矣。

故以身觀身，以家觀家，以鄉觀鄉，以國觀國，以天下觀天下。吾何以知天下之然哉，以此。

碧虚子陳景元曰：觀者，照察也。故以先聖治身之道，反觀吾身心，若吾身心能體於道，則其德乃真矣。老氏言我奚以知天下之民，嚮道者、昌背道者亡之。然哉者，設問之辭也，答曰：我以此上之所陳五事，反觀照察，所以知之。經曰，不出户，知天下。《易》曰：觀我生，觀民也。其是之謂乎。

潁濱蘇轍曰：天地，外者，世俗所不見矣，然其理可推而知也。修身之至，以身觀身，以家觀家，以鄉觀鄉，以國觀國，皆吾之所及知也。然安知聖人以天下觀天下，不若吾之以身觀身乎。豈身可以身觀，而天下獨不可以天下觀乎。故曰，吾何以知天下之然哉，以此。言亦以身知之耳。

臨川王安石曰：身有身之道，故以身觀身，家有家之道，故以家觀家，以至於鄉國天下。吾何以知天下之然哉，以此者，蓋以此道觀之也。言以此者。此則同於道，彼則異於道，同則取之，異則去之。

道真仁静先生曹道沖曰：察身之損益邪正，則知衆人矣。察家之逆順盛衰，則知他之家矣。自一鄉之小，至天下之大，小大則殊，其治一也，何以知天下之然，以用此道而知矣。

陳象古曰：見治身之道，則知治己之身。見治家之道，則知治己之家。見治鄉之道，則知治己之鄉。見治國之道，則知治己之國。見治天下之道，則知治己之天下。不拔不脱，由此可明矣。以此者，蓋用此觀身觀家觀鄉觀國觀天下之道矣。

黄茂材曰：雖其大小遠近之有不同。而其爲德未始或異，故以吾一身而觀衆身，以吾一家而觀衆家，以吾一鄉而觀衆鄉，以吾一國而觀衆國，以吾一天下而觀衆天下，皆可以知之。或問，以吾一天下而觀衆天下，何也。湯問於夏革曰：四海之外，奚有。曰：猶齊州也。朕東行至營，人民猶是也。問營之東，復猶營也。西行至豳，人民猶是也，問豳之西，復猶豳也。朕以是知四海四荒四極之不異是也。以天下觀天下，捨夏革其誰知之。

程大昌曰：吾何以知天下之然，而自指其要領在此者，以真爲斷也。

含德之厚章第五十五

含德之厚，比於赤子。

御注曰：孟子曰，大人，不失赤子之心。夫至人純粹，懷德深厚，情復於性，憺泊無欲，狀貌兀然，比於赤子也。赤子者，取其始生，其色赤，純和之至也。

碧虚子陳景元曰：含，懷也。

潁濱蘇轍曰：老子之言道德，每以嬰兒況之者，皆言其體而已，未及其用也。今夫嬰兒泊然無欲，其體之者至矣，然而物來而不知應，故未可以言用也。

臨川王安石曰：赤子者，天守全而陽不散，故含德之厚，比於赤子。

陸佃曰：知其雄，守其雌，爲天下谿，爲天下谿，常德不離，復歸於嬰兒。此即所謂含德之厚，比於赤子也。

道真仁静先生曹道沖曰：含者，抱也。心不偷薄，其德乃厚。赤子謂嬰兒也，天純未散，外無所營，積和在中，復如赤子。

葉夢得曰：老子既以嬰兒論道矣，於此含德之厚，復比之赤子。嬰兒，其未孩者也，所保者氣而已，故道似之。赤子則既孩矣，而未有知也，故德似之。

清源子劉驥曰：聖人抱道懷德深厚，無思無爲，寂然不動，故比於赤子。

程大昌曰：含德者，蘊其德於内，而不形於外者也。莊子謂絶滅聲律、文采，而人始含其聰明；削曾史之行，鉗楊墨之口，而後人始含其德者。蓋釋此也。

毒蟲不螫，猛獸不據，攫鳥不搏。

御注曰：含德之厚者，憂患不能入，邪氣不能襲，故物莫能傷焉。莊子曰，人能虚己以游世，其孰能害之。

碧虚子陳景元曰：毒蟲者，蜂蠆之類也，以尾端肆毒曰螫。猛獸者，虎豹之類也，以爪拏按曰據。攫鳥者，鵰鶚之類也，以羽距擊觸曰搏。夫至人神矣，嗒然喪偶，如赤子之無心，故神全而物莫能傷也。

潁濱蘇轍曰：道無形體，物莫得而見也。況可得而傷之乎。人之所以至於有形者，由其有心也，故有心而後有形，有形而後有敵，敵立而傷之者至矣。無心之人，物無與敵者，而曷由傷之。夫赤子之所以至此者，唯無心也。

臨川王安石曰：赤子之心，非有害物也，無害物，則物亦莫能害。

道真仁静先生曹道沖曰：稚子無心害物，物亦不與爲害。

清源子劉驥曰：憂患不能入，邪氣不能襲，其天守全，其神無郤，物無自入焉。如莊子所謂醉者之墜車，雖骨節與人同，而犯害與人異，以其死生驚懼不入於胸中，彼全於酒者猶若是，而況全於天者乎。

黄茂材曰：今夫赤子毒蟲不螫，猛獸不據，攫鳥不搏者，精不離而和不散爾。人能養其精和之至，則亦赤子也。昔有梁鴦者，能養野禽獸，委食於園庭之内，雖虎狼鵰鶚之類，無不柔馴者，雌雄在前，孳尾成群，異類雜居，不相搏噬。問其術，則曰，吾心無逆順，鳥獸視吾猶其儕也。夫心無逆順，所謂含德之厚也歟。

骨弱筋柔而握固，未知牝牡之合而朘作，精之至也。

御注曰：德全者形全，故骨弱筋柔而握固。形全者神全，故未知牝牡之合而朘作。精之至者，可以入神。莊子曰，聖人貴精。

碧虚子陳景元曰：赤子未知喜怒，而拳握至堅者，以其真性專一故也。朘者，赤子之命源也。情欲未萌而陽德自動者，真精之氣運行之所至也。以況至人虚心無情，氣運自動而諸欲莫干也。《上清洞真品》云：人之生也，稟天地之氣，爲神爲形；受元一之氣，爲液爲精，天氣減耗，神將散矣；地氣減耗，形將病矣；元氣減耗，命將竭矣。故帝一迴元之道，泝流百脉，上補泥丸腦實則神全，神全則形全，形全者，百關調於内，邪氣亡於外，髓凝爲骨，腸化爲筋，純粹不雜，而長生可致矣。朘作，古本作全作。王弼曰：作，長也，無物以損其身，故能全長也。

涑水司馬光曰：皆在其自然。

潁濱蘇轍曰：無執而自握，無欲而自作，是以知其精有餘而非心也。

道真仁静先生曹道沖曰：手未能把執攫奪取掇，心無所知而手無所用，故自然握固。未知牝牡之合而朘作，人稟五行全氣，精力氣血既盛，則因牝牡發泄。而嬰兒未知嗜欲，無所流散，而時爲跳躑伸縮頓奮之狀，此謂朘作。

達真子曰：骨弱筋柔而握固，體之自然也，不爲物屈矣。未知牝牡之合而朘作，性之自然也，不爲情亂矣。

陳象古曰：握固則無所欲得而自執也，朘作則不因有爲而自動也。

清源子劉驥曰：德全則形全，故骨弱筋柔而握固；形全則精全，故未知牝牡之合而朘作。無執而自握，無欲而朘作，以一心定而萬物服，精之至也。

程大昌曰：握固朘作，非知而爲之也。真淳未散，不知其然而然。

終日號而嗌不嗄，和之至也。

御注曰：致一之謂精，精則德全而神不虧；沖氣以爲和，和則氣全而嗌不嗄。人之生也，精受於天一而爲智之源，和得於天五而爲信之本。及其至也，可以入神，可以復命。而失其赤子之心者，精摇而不守，氣暴而不純，馳其形性，潛之萬物，豈不悲夫。

碧虚子陳景元曰：號，啼也。啼極無聲曰嗄，又聲嘶也。夫赤子終日嘷啼而嗌不嘶散者，天和之氣至全也。故真人之息以踵，其嗌不哇，而和氣全也。

潁濱蘇轍曰：心動則氣傷，氣傷則號而嗄；終日號而不嗄，是以知其心不動，而氣和也。

臨川王安石曰：終日號而聲不嗄，乃和之至。蓋和者主於氣也。

程大昌曰：是其淳和中充，嘷啼所不能變也，故得取以諭和也。

知和曰常。

御注曰：純氣之守，制命在内，形化而性不亡。

碧虛子陳景元曰：夫和者，大同於物。故赤子以和全真，至人知和之貴也，故用之爲常道。

潁濱蘇轍曰：和者，不以外傷内也。復命曰常，遇物而知反其本者也。知和曰常，得本以應萬物者也，其實一道也。故皆謂之常。

臨川王安石曰：和之爲用，則常而不變。

道真仁静先生曹道沖曰：和者，生理之常，非别有方法。

陳象古曰：知此和之至，可以常行而不離。

清源子劉驥曰：知和則純粹不雜，静一不變，而與天地爲常。

黄茂材曰：號而不嗄，和之至也。知此則爲復歸於嬰兒矣，故能長久。

知常曰明。

御注曰：明足以見道者，知性之不亡故也。

臨川王安石曰：不明則不足以知常。

清源子劉驥曰：知常則朗徹見獨，無古無今，而與日月參光。

黄茂材曰：常，久也。日月得天而能久照，四時變化而能久成，聖人久於其道，而天下化成，非夫明智洞達天地造化之機，安能識之。

益生曰祥。

御注曰：祥者，物之先見，生物之理，增之則贅，禍福特未定也。

碧虚子陳景元曰：祥者，吉凶之兆也。夫一受其成形而素分已定，若無理益之，必致凶祥。

潁濱蘇轍曰：生不可益而欲益之，則非其正矣。祥，妖也。

陸佃曰：達生之情，常任於自然，而不益生，故能出乎吉凶之表。

道真仁静先生曹道沖曰：但於身命有益者，則爲吉祥；過此，雖外美而内不善，非生之祥也。

達真子曰：祥者，非其常也。

陳象古曰：保此常，守此明，日益日生，至於盛大，無凶咎也。

黄茂材曰：天下之人，或夭於嬰孩，或喪於强壯，其能保百年之壽者，幾何。今吾益吾生而使長生不死，在於天下，豈不曰祥乎。

心使氣曰强。

御注曰：體合於心，心合於氣，則氣和而不暴，兹强也。以與物敵，而非自勝之道。

碧虚子陳景元曰：心有是非，而氣無分别。

潁濱蘇轍曰：氣惡妄作而又以心使之，則强梁甚矣。

臨川王安石曰：氣者，當專氣致柔，今反爲心之所使，不能專守於内，則爲暴矣。此祥者，非作善之祥，乃災異之祥；此强者，非守氣之强，乃勝暴之强。夫言豈一端而已，各有所當也。

道真仁静先生曹道沖曰：心動而使氣，氣作而形隨，未有動作而不求强好勝者也。真人心不動而氣自動，亦若人之眠睡，外務已息，泯然無知，而寐中手足瞤動，豈心之使而動也。一寐尚然，況寂然在道者也。

黄茂材曰：以力使氣，是氣也，爲暴戾之氣；以心使氣，是氣也，爲沖和之氣。沖和之氣，充於一身，天地不能使之夭，鬼神不能使之災，聲色利欲不能使之亂，豈不曰强乎。

物壯則老，是謂不道，不道早已。

碧虚子陳景元曰：夫物之壯也，必至乎枯老；心之强也，必至於凶暴。且道以柔弱爲用，今以强壯爲心者，謂之不道。已，止也，死也，言不行道者，早死也已。

潁濱蘇轍曰：益生使氣，不能聽其自然，日入於剛强而老，從之則失其赤子之性矣。

臨川王安石曰：惟道則先於天地而不爲壯，長於上古而不爲老。

道真仁静先生曹道沖曰：雖欲不止，如何哉。

葉夢得曰：是以已之，亦貴乎早也。

黄茂材曰：壯而老，老而已，在物莫不然。若知道者，可與天地相爲終始，豈有已乎。

知者不言章第五十六

知者不言，言者不知。塞其兑，閉其門，挫其鋭，解其紛，和其光，同其塵，是謂玄同。

御注曰：道無問，問無應。知道者，默而識之，無所事言。齧缺問於王倪，所以四問而四不知。多言數窮，離道遠矣。

碧虚子陳景元曰：莊子曰，知北游於玄水之上，登隱弅之丘，而適遭無爲謂焉。知謂無爲謂曰：子欲有問乎若，何思何慮則知道，何處何服則安道，何從何道則得道。三問而無爲謂不答也，非不答，不知答也。知不得問，反於白水之南，登狐闋之上，而覩狂屈焉。知以之言也問乎狂屈，狂屈曰：唉，予知之，將語若。中欲言而忘其所欲言。知不得問，反於帝宫，見黄帝而問焉。黄帝曰：無思無慮始知道，無處無服始安道，無從無道始得道。知問黄帝曰：我與若知之，彼與彼不知也，其孰是耶。帝曰：彼無爲謂真是也，狂屈似之，我與知終不近也。

潁濱蘇轍曰：道非言説，亦不離言説，然能知者未必言，能言者未必知，唯塞兑閉門以杜其外，挫鋭解紛、和光同塵以治其内，默然不言而與道同。

臨川王安石曰：挫其鋭，同其塵，此文兩見，蓋道德莫不皆如此。

道真仁静先生曹道沖曰：契理則忘言。雖言而不能行，與不知道何異。兑，口也，緘口默行不須説也。三要七竅，爲身之門户，自内其散失者，神氣精血，機情好惡；自外而入者，緣境聲色，滋味寒暑。所失者真，所入者假。故閉其門也，彼方爲光顯，沮之則爲怨，俱與和之，於已何損；彼方塵垢，外之則不樂。故至人韜光隱德，暫與同之，於身何浼。

清源子劉驥曰：天地有大美而不言，四時有明法而不議，萬物有成理而不説。聖人行不言之教。玄者，隱密不顯，不自飾智矜俗，獨異於衆。道深微妙，知者不言，不知道者以言相煩。譬如知音者，識音以絃，心知其音，口不能傳。多言數窮，去道遠矣。善爲道者，默而識之，性以成之。塞其兑則收視反聽，閉其門則形全精復，挫其鋭則歸精神乎無始，解其紛則體純素而不雜，和其光則含光不耀，同其塵則大同無已。夫如是，則與天同，心而無知，與道同身而無體，是謂玄同。豈拘拘然自投於親疏利害貴賤之間哉。

程大昌曰：塞兑閉門，不使衆人得見其經歷出入之地也。挫鋭解紛，平夷而簡易也。和光同塵，則能降已齊物矣。凡爲此，皆求至乎渾兮其若濁者也。彼我一觀，高下無別，是之謂同。同之上加元焉，深而又深，侶鷗群獸，幾微更不外見。又諸家釋兑皆本《易》之兑悦爲義，恐不然也。《詩》曰：行道兑矣。毛氏曰：兑，成蹊也。成蹊者，孟子謂山間之蹊，介然用之而成路者是也。其讀如稅。

不可得而親，不可得而疏，不可得而利，不可得而害，不可得而貴，不可得而賤，故爲天下貴。

御注曰：世之人愛惡相攻，而有戚疏之態；情僞相感，而有利害之見；用舍相權，而有貴賤之分。反覆更代，未始有極，奚足爲天下貴。

碧虚子陳景元曰：上交於道而不諂，舉世譽之而不勸，故不可得而親暱也。下交於器而不瀆，舉世非之而不沮，故不可得而疏隔也。澹泊無欲，守分知足，故不可得而利誘也。處卑不辱，在醜不爭，故不可得而諂害也。爵祿不能汙，權勢不能動，故不可得而貴寵也。矢志不屈，居貧愈安，故不可得而賤鄙也。夫至人行此六行，不榮通，不醜窮，無天怨，無人非，無物累，無鬼責，故爲天下貴。

潁濱蘇轍曰：可得而親，則可得而疏；可得而利，則可得而害；可得而貴，則可得而賤。體道者均覆萬物而孰爲親疏，等觀逆順而孰爲利害，不知榮辱而孰爲貴賤，情計之所不及此，所以爲天下貴也。

陸佃曰：神人者不即不離，無縛無脱，故不可得而親疏；不生不滅，無取無舍，故不可得而利害；不損不益，無得無失，故不可得而貴賤。夫惟如此，故能無對於物，旁日月，挾宇宙，天地爲一官，萬物爲一府，其緒餘足以爲天下國家，其土苴足以治天下，其糠粃塵垢足以陶鑄堯舜，而天下之物，豈復有加哉。故曰爲天下貴。

道真仁静先生曹道沖曰：未嘗與物交，焉能親也；不使欲厭，焉能疏也；不妄求取，焉能利也；不犯禁忌，焉能害也；不取榮盛，焉能貴也；不處卑猥，焉能賤也。

陳象古曰：親疏利害貴賤，世之所重，衆人之所分别者也。大道所在，名非常名，不可見其形，不可聞其聲，況可得而親疏利害貴賤乎。

黄茂材曰：孔子曰，吾觀老子，其猶龍乎。夫龍豈可得而親之疏之利之害之貴之賤之者乎。既曰不可得而貴，又曰爲天下貴，何也。蓋亦自貴而已。經曰，知我者希，則我貴矣。

道德真經集注卷之十四

宋鶴林真逸彭耜纂集

以正治國章第五十七

以正治國，以奇用兵，以無事取天下，吾何以知其然哉。

御注曰：正者道之常，奇者道之變，無事者道之真，國以正定，兵以奇勝，道之真無容私焉，順物自然而天下治矣。

碧虛子陳景元曰：其然猶如是也，老氏自設問答，言我何以知天人之意，如是哉，謂下文也。

潁濱蘇轍曰：古之聖人，柔遠能邇，無意於用兵，唯不得已然後有征伐之事，故以治國爲正，用兵爲奇，雖然，此亦未足以取天下。天下神器不可爲也，爲者敗之，執者失之，唯體道者廓然無事，雖不取天下，而天下歸之矣。

葉夢得曰：物各有所當，治國者必以正，用兵者必以奇。國以奇治之則亂，兵詭道，用之以正，亦未免於敗。然聖人之奇，豈若後世之詐哉，敵至而爲之所，是以其變不窮。

黄茂材曰：夫道無爲而無不爲。正也，奇也，無事也，非知道者孰能之。推而治國用兵取天下，特其緒餘土苴耳。古之人有行之者，如伊尹、太公、范蠡、張良之徒皆以此。

程大昌曰：正者如人之行正路也，奇者如人之行捷徑也。無事者，本其當然而不鑿不擾也。

夫天下多忌諱，而民彌貧；人多利器，國家滋昬；人多伎巧，奇物滋起；法令滋彰，盜賊多有。故聖人云，我無爲而民自化，我好静而民自正，我無事而民自富，我無欲而民自樸。

碧虚子陳景元曰：忌諱謂禁令也，君不能無爲，而以政教治國，禁網繁密，民慮抵犯避諱不暇，弗敢云爲，舉動失業，日至貧窮。利器者，權謀也，君不能安静，而以智變爲務，上下欺紿，則民多權謀，偷安其生，包藏禍心，日至昬亂。伎巧謂工伎巧妙也，君不能無事，而以機械爲妙，志在奢淫，則民尚雕琢，服玩金玉，奇恠異物，日益滋生。古本作民多智慧，而邪事滋起。法令謂刑法教令也，君不能無欲，而以刑法作威，民雖苟免其罪，然而不足則姦宄生焉，故聖人云，此老氏之謙，不敢自專其言，故舉聖人之云。或謂老氏爲周柱下史，徧觀上世之遺書，三墳之古文，以證其必然。

潁濱蘇轍曰：人主多忌諱，下情不上達，則民貧而無告矣。利器，權謀也，明君在上，常使民無知無欲，民多權謀，則其上眩而昏矣。人不敦本業而趨末伎，則非常無益之物作矣。患人之詐僞而多爲法令以勝之，民無所措手足，則日入於盜賊矣。

達真子曰：有欲者，外也，朴之散也。無欲者，内也，朴之聚也。故曰我無欲而民自樸。前曰以無爲取天下，蓋由此而見矣。非體道之盡者，孰能與此。

黄茂材曰：上古之時，民如標枝然，昧昧而行，安有忌諱；權謀不作，安有利器；穴居坏飲，安有伎巧；不知君臣上下之分，安有法令。大樸既散，人僞日長，至於商周之末極矣。忌諱尚而民彌貧，利器用而國家昏，伎巧工而奇物起，法令煩而盜賊充斥。聖人將欲舉天下而返於淳樸之俗，亦豈有他術哉。清静無爲，無所事而去其欲而已。

程大昌曰：其曰聖人云者，古有是語，而老子援以自證也。

其政悶悶章第五十八

其政悶悶，其民淳淳；其政察察，其民缺缺。

御注曰：在宥天下，下知有之，而無欣欣之樂。

碧虛子陳景元曰：法令滋彰，盜賊多有，故人則凋弊。

道真仁静先生曹道沖曰：悶悶如天道昏昏默默，任其自然；察察者，政教煩細，民多犯之，故缺缺也。

清源子劉驥曰：悶悶者，不徇於物，而恬淡無爲也；察察，以智治國也。

黄茂材曰：昏昏默默，至道之極；窈窈冥冥，至道之精。而以察察爲政者，豈足語道哉。故曰，水至清則無魚，人至察則無徒。

禍兮福所倚，福兮禍所伏，孰知其極？

御注曰：昭昭生於冥冥，有倫生於無形，德慧術智存乎疢疾，高明之家，鬼瞰其室，知時無止，知分無常，知終始之不可故。則禍福倚伏，何常之有。

碧虛子陳景元曰：若有道之君，守之以清淨，任之以自然，不利貨財，不近貴富，不樂壽，不哀夭，不榮通，不醜窮，不拘一世之利，以爲己私分，不以王天下，爲己處顯。如是，則禍福倚伏，於何而有。

陸佃曰：天之肇降生民，而其福至於淳淳，其禍至於缺缺，豈有他哉，繫一人之政而已。故禍兮福所倚，福兮禍所伏。

清源子劉驥曰：其民缺缺，則民始惑亂，無以反其性情而復其初，則禍福倚伏，千變萬化，而未始有極也。

其無正邪

碧虚子陳景元曰：禍福倚伏，豈無正邪，必有正耳，在乎有道之君，無爲無事，忘形忘物，而後正耳。若有心爲正，其正必復爲奇矣，有心爲善，其善必復爲妖矣，謂下文也。

陳象古曰：言物未嘗不存於正道也。

正復爲奇，善復爲妖。民之迷也，其日固已久矣。

御注曰：通天下一氣耳，今是而昨非，先迕而後合，神奇臭腐，相爲終始，則奇正之相生，妖善之更化，乃一氣之自爾。天下之生久矣，小惑易方，大惑易性，自私之俗，勝而不明乎。禍福之倚伏，且復察察以治之，民安得而反其真乎。

碧虚子陳景元曰：嗟薄俗不能自正自善，而乃矯真爲正，逆性爲善，而反爲奇爲妖，迷惑不悟，其所由來固已久矣。

潁濱蘇轍曰：天地之大，世俗之見有所眩而不知也。蓋福倚於禍，禍伏於福，譬如晝夜寒暑之相代，正之爲奇，善之爲妖，譬如老稚生死之相繼，未始有正，而迷者不知也。夫惟聖人出於萬物之表而覽其終始，得其大全而遺其小察，視之悶悶，若無所明，而其民淳淳，各全其性矣。若夫世人不知道之全體，以耳目之所知爲至矣。方且自以爲福，而不知禍之伏於其後；方且自以爲善，而不知妖之起於其中。區區以察爲明，至於察甚傷物，而不悟其非也。可不哀哉。

臨川王安石曰：種種分別，遂生妄想。

黄茂材曰：禍福奇正妖善之在天下，如循環然，孰知其極。《易》稱惟聖人能知進退存亡，况夫禍福之倚伏奇正之相生，妖善之更化，豈世人所能知哉，故曰久矣。

是以聖人方而不割，廉而不劌，直而不肆，光而不耀。

御注曰：聖人所以正天下者何哉，如斯而已。

碧虛子陳景元曰：劌作穢，濁穢也。有道之君，率性清廉，使物之自化耳，而不以己之潔白揚彼之污，但使物知勸而洗除穢濁矣。自此以上，皆悶悶之政，非察察之治也。古作劌，傷也，言聖人廉以自清，而不以刑物使傷也。

潁濱蘇轍曰：知小察之不能盡物，是以雖能方能廉，能直能光，而不用其能，恐其諂於一偏，而不反也。此則世俗之所謂悶悶也。

臨川王安石曰：聖人無方無隅，故方而不割；崖岸而不畏，故廉而不劌；大直若屈，故直而不肆；用其光，復歸其明，故光而不耀。

陸佃曰：不割彼以爲方，不劌彼以爲廉，不肆彼以爲直，不耀彼以爲光。

道真仁静先生曹道沖曰：不以廉而彰人之穢，不以潔而明人之污。

葉夢得曰：民日迷於其間而弗悟，聖人固當有以救之，是故方而不割，則有全者存。廉而不劌，則有質者存。直而不肆，則有屈者存。光而不耀，則有晦者存。是以閉而不盡用，爲悶而不爲察者也。

清源子劉驥曰：此四者皆悶悶之政，非察察之治，使民去智與故，循天之理。

黄茂材曰：夏商以來，士守一介，不見道之大全，方則必割，廉則必劌，直則必肆，光則必耀，如伯夷、叔齊、尾生、申徒狄之徒，而遂至於害性傷生，亦可悲矣。老子時爲柱下史，非不方也廉也直也光也，而人莫知其爲老子者，不割不劌不肆不耀焉爾，故能樂其全。

程大昌曰：廉者物之稜也，陛廉之廉是也。既曰廉，則遂有芒角鋒刃矣。

治人事天章第五十九

治人事天，莫若嗇。夫惟嗇，是以早復。早復謂之重積德。重積德，則無不克。無不克，則莫知其極。莫知其極，可以有國。有國之母，可以長久。

御注曰：聰明智識，天也。動静思慮，人也。適動静之節，省思慮之累，所以治人。不極聰明之力，不盡智識之任，所以事天，此之謂嗇。

涑水司馬光曰：嗇者，省嗇精神也。早復者，不遠復也，不遠而復，不離於德，可以修身。

潁濱蘇轍曰：凡物方則割，廉則劌，直則肆，光則耀，唯聖人方而不割，廉而不劌，直而不肆，光而不耀，此所謂嗇也。夫嗇者，有而不用者也。世患無以服人，苟誠有而能嗇，雖未嘗與物較，而物知其非不能也，則其服之早矣。物既已服，斂藏其用，至於没身而終不試，則德重積矣。德積既厚，雖天下之剛强，無不能克，則物莫測其量矣。如此而後，可以有國，彼小人有尺寸之柄，而輕用之，一試不服而天下測知其深淺，而争犯之，雖欲保其國家而不可得也。吾是以知嗇之可以有國，則有國之母也。

臨川王安石曰：夫人莫不有視聽思目之能，視耳之能聽，心之能思，皆天也。然視而使之明，聽而使之聰，思而使之正，皆人也。然形不可太勞，精不可太用，太勞則竭，太用則瘦，唯能嗇之而不使至於太勞太用，則能盡性。盡性，則至於命，早復者，復於命也。

王雱曰：治人在乎正己，事天在乎盡性，惟此兩者一於嗇而已。動極而靜，則其復晚矣。惟嗇者不侈於費己，其去本也未嘗遠，故復靜爲早。德不外耗，則積於內矣，積於內而資納無窮，則其爲積也，積之又積也。盡性之人，蓋將生天生地，宰制造化，其於事物，何所不能。盡性則大矣，大而化之則聖矣，化則無窮，故莫知其極。

陸佃曰：嗇者，愛養之辭。韓非所謂愛其精神，嗇其知識是也。蓋嗇精養神，然後可以俯治人而仰事天，故曰治人事天莫如嗇。

達真子曰：嗇於一心，則必斂動而歸靜；嗇於一性，則必斂意而歸無。心斂動於靜，然後能盡心。性斂意於無，然後能正性。盡其心，正其性者，人道之盡也，人道盡，則固可以治人矣。心靜則任其自然，性正則安其固有。任自然、安固有者，天道之盡也。天道盡則固可以事天矣。是以治人事天莫如嗇。惟心早復於靜，意早復於性，則所謂重其積德也。能內重其積德，以至治人，則人無不順，以至事天，則天無不符，以至應萬物，則萬物莫不歸，以至率萬化，則萬化莫不盡，是謂重積德，則無不克。母也者，爲衆子之莫不從，以衆動而歸靜，以衆有而歸無，固不異子之從母也。惟衆動而歸靜，則靜之者無終窮，衆有而歸無，則無之者無極盡。故曰有國之母，可以長久。

晦庵朱熹曰：早復者，言能嗇則不遠而復；重積德者，言先已有所積，復養以嗇，是又加積之也。如修養者，此身未有損失，而又加以嗇養，是謂早服。而重積若待其已損而後養，則養之方足以補其所損，不得謂之重積矣。所以貴早復者，早覺未損而嗇之也。

黄茂材曰：嗇者，守於內，不耗於外，以之治人而人治，事天而天應，謂之早復。復者，物之初，今之道家所謂返本還元是已。可以成德，可以勝群物，可以同於無極，可以爲有國之母。

林東曰：嗇雖有慳吝意，乃簡損之理，人爲難治，天爲難事，能於簡損而早復其德性之真，則可以見道。既見夫道，則人雖姦詐，天雖難測，理不難見。治之事之，皆基於此。

是謂深根固柢，長生久視之道。

御注曰：根深則柢固，性復則形全，與天地爲常，故能長生。與日月參光，故能久視。人與物化，而我獨存，此之謂道。

碧虛子陳景元曰：杜光庭曰：修道之士，嗇神以安體，積氣以全和，内固三關而祛萬慮，百神率服，衆行周圓，變化莫窮，享年長久，固蔕於混元之域，深根於無何有之鄉，與夫九老七元，差肩接武矣。古本作柢，本也。

潁濱蘇轍曰：孟子曰：盡其心，養其性，所以事天也。以嗇治人，則可以有國者是也；以嗇事天，則深根固蔕者是也。古之聖人，保其性命之常，不以外耗，内則根深而不可拔，蔕固而不可脱，雖以長生久視可也。蓋治人事天，雖有内外之異，而莫若嗇則一也。

陸佃曰：根在幽，蔕在顯，根則以言其命，蔕則以言其性。萬物莫足以測之之謂深，惟命爲能與於此，故曰，深根萬物莫足以傾之之謂固，惟性爲能與於此，故曰固蒂。

黄茂材曰：深根固柢，長生久視之道於是乎在。經云，歸根曰静，静曰復命。其道見於《易》之復卦。

治大國章第六十

治大國，若烹小鮮。

御注曰：事大衆而數摇之，則少成功。藏大器，而數徙之則多傷敗。烹小鮮而數撓之則潰。治大國而數變法，則惑。是以治道貴清静，而民自定。

潁濱蘇轍曰：烹小鮮者不可撓，治大國者不可煩。煩則人勞，撓則魚爛。

道真仁静先生曹道沖曰：寬猛相濟，生熟得中。

黄茂材曰：道無大小，治大國烹小鮮同於一道。

以道莅天下者，其鬼不神。非其鬼不神，其神不傷民。非其神不傷民，聖人亦不傷民。夫兩不相傷，故德交歸焉。

碧虚子陳景元曰：《西升經》曰，所謂爲道自然，助之不善於祠，鬼自避之。此之謂也。人不作釁，則妖祥何緣而興，人守常德，則神變無因而傷民。河上公曰：夫兩不相傷，人得治於陽，鬼得治於陰。人得全其性命，鬼得保其精神，故德交歸焉。

杜光庭曰，夫民爲邦本，本固則邦寧；人爲神主，主安則神享。聖人以道爲治，既不傷於人，鬼神感聖人之功，亦不害於物，兩者交悦，二德交歸。

穎濱蘇轍曰：聖人無爲，使人各安其自然，外無所求，内無所畏，則物莫能侵。雖鬼無所用神矣。非其鬼之不神，亦有神而不傷人。非神之不傷人，聖人亦未嘗傷人。故鬼無能爲耳。人鬼之所以不相傷者，由上有聖人耳。故德交歸之。

陸佃曰：神無乎不在，其在人則聖而不可知者也，其在鬼則靈而不可知者也。故鬼之所以不神者，非無神也，其神不傷而已，故曰非其鬼不神，其神不傷人。

葉夢得曰：《詩》頌文王之聖，至於思齊，曰神罔時怨，繼之曰神罔時恫。豈不以鬼無所怨於人，則亦無恫於人，降之嘉生，而禍災不至，其有傷之者乎。

晦庵朱熹曰：老子謂以道莅天下者，其鬼不神，若是王道修明，則此等不正之氣都消鑠了。

黄茂材曰：有道之世，人能養其神，不使其鬼勝，故曰其鬼不神。有干越之劍者，柙而藏之，不敢用也，寶之至也。聖人之不輕用其神，亦如其劍，雖曰神不傷人，是亦聖人能養其神，使不傷人爾。故曰，兩不相傷，德交歸焉。

大國者下流章第六十一

大國者下流。

御注曰：人莫不有趨高之心，而趨高者常蹶。江海所以能爲百谷王者，以其善下之也。

潁濱蘇轍曰：天下之歸大國，猶衆水之趨下流也。

臨川王安石曰：大國下流者，如衆人之所惡也，非君子惡居之下流也。

道真仁静先生曹道沖曰：人以謙爲德，海以容爲量，自高者不受於物，能下者爲物所歸。

清源子劉驥曰：一身之設，一國之象也。身之虚而萬物至，心之無而和氣歸。虚無者，聖人之所居。所謂大國也，以其不争，而天下莫能與之争。至於萬物之精華，無極之物，自來歸之，猶衆水之趨下流也。經所謂知其雄守其雌，爲天下谿。此之謂也。

天下之交，天下之牝。牝常以静勝牡，以静爲下。故大國以下小國，則取小國。小國以

下大國，則取大國。故或下以取，或下而取。

御注曰：天下皆以剛强敵物，而我獨寓於柔静不争之地，則人孰勝之者。是乃所以交天下之道。

碧虚子陳景元曰：天下之所交牝者，以其大國善守雌牝柔静之德，故能攝伏天下雄壯之國。

涑水司馬光曰：交，猶歸聚也。

潁濱蘇轍曰：衆動之赴静，猶衆高之赴下也。大國下以取人，小國下而取於人。

臨川王安石曰：交者，衆人之會，能處衆人之所惡，則天下之動，莫不歸之矣。故曰天下之交牝，蓋天下之交，交於牝而已。

道真仁静先生曹道沖曰：牝者，母也。物莫不慕其母也。牝柔而静，牡剛而動，常爲牝之驅役，故聖人知雄守雌，柔而不争，虚而處下，物皆歸之。

達真子曰：牝者，静也；牡者，動也。以静爲衆動之所歸，以牝爲衆牡之所往。理固無他，以静爲下故也。爲國者體此，以静制動，以牝制牡，故大國以下小國，能屈已之勢也，大國屈已之勢，則取小國矣。小國以下大國，能畏彼之勢也，小國能畏彼之勢，則取大國矣。以，用也，以取者，力行而取也。而取者，自然而取也。大國忘勢難在乎力行，故曰以取。小國趨勢易情之自然，故曰而取。

陳象古曰：交謂交結而附於已者也。

葉夢得曰：取之爲言，得其所欲之謂也。

清源子劉驥曰：天一生水，在人爲精，地二生火，在人爲神。神者，陽中之陰，故謂之雌，亦天下之牝也。聖人知雄守雌，以陰煉陽，陰極則陽生，無爲之妙，天地之要，變化之機也，故牝常以静勝牡焉。以静而爲之下，静則群動趨之，下則衆高赴之，天下常勝之道也。

黄茂材曰：夫道非徒下之而已，雖曰下之，其終也不有以勝之，必有以取之。牝，柔也，静而處下，然能勝牡，此非下之而終有以勝之者歟。大國以下小國，則取小國，湯事葛是也。小國以下大國，則取大國，勾踐事吴是也。此非下之而終有取之者歟。故曰或下以取，或下而取，亦其自然之理，本於無心。

大國不過欲兼畜人，小國不過欲入事人。兩者各得其所欲，故大者宜爲下。

御注曰：天道下濟而光明，故無不覆；地道卑而上行，故能承天。人法地，地法天，故大者宜爲下。

道真仁静先生曹道沖曰：大國得小國則益盛，小國得大國則遂安，各遂所欲，大者能先下之，則小者歸，故宜下。

陳象古曰：大國恃强，鮮能下下，今獨言大者宜爲下，明所難也。

黄茂材曰：夫有所欲於人而不能下人，則不得其所欲，大國欲兼畜人，小國欲入事人，能下則得，不能下則不得。至於道，固無欲，然欲至於道，是亦爲有欲也。大者道也，故宜爲下。此一篇全是借物明道。

道德真經集注卷之十五

宋鶴林真逸彭耜纂集

道者萬物之奧章第六十二

道者，萬物之奧也。

碧虚子陳景元曰：夫道也者，包括無外，萬物資始，最深最奥，爲庶品之根本，無有逃其術内者。

潁濱蘇轍曰：凡物之見於外者，皆其門堂也。道之在物，譬如其奥，物皆有之，而人莫之見耳。

清源子劉驥曰：《西昇經》云，道深甚奥，虚無之淵。言道爲萬類之淵藪，無物不藴藏也。莫神於天，道實覆之；莫富於地，道實載之。天地之大，尚不離於覆載之内，况其他乎。

黄茂材曰：物生於三，三生於二，二生於一，一生於道，則道也者，豈不爲萬物之奥乎。

程大昌曰：道之播而出也爲有，有之又出也爲形，形具而物有其質，及其在人，則德仁義禮皆是物也。故物者，道之邊際；而道者，萬物之藴奥也。

善人之寶，不善人之所保。

碧虚子陳景元曰：善人謂上士也，上士聞道，勤而行之，鍊質資神，固守妙本，以爲長久之寶也。不善人謂下士也，下士聞道而大笑之，及其忤道悖德，履凶踐禍，思欲反復元吉，咸仰道之所保庇也。

涑水司馬光曰：守而用之，依於有道以自安。

潁濱蘇轍曰：夫惟賢者得而有之，故曰善人之寶。愚者雖不能有，然而非道則不能安也，故曰不善人之所保。

臨川王安石曰：莫非道也，善人求之足以至於道，不善而求之則足以免於罪。

道真仁静先生曹道沖曰：小人雖不善，略知道亦能自保其身。

黄茂材曰：道無善無不善，善人得之爲寶，不善人得之可資以安。

程大昌曰：善人者，不善人之反也；善人寶之，則不善人且將背而遠之矣。而此之所寶，彼亦保之，其理何也？孔子曰：誰能出不由户，何莫由斯道也。

美言可以市，尊行可以加於人。人之不善，何棄之有。

碧虚子陳景元曰：此釋不善人之所保也。無言無行之夫，尚假甘美之言，自尊之行，可以奪衆貨之賈，可以升稠人之上，又況有道者乎。

潁濱蘇轍曰：蓋道不遠人，而人自遠之，今誠有人美言之，則可以爲市於世，尊行之則可以加於人矣。朝爲不義，而夕聞大道，妄盡而性復，雖欲指其不善，不可得也，而又安可棄之哉。

清源子劉驥曰：美言可以市，言市之所同知也。尊行可以加於人，言人之所能行也。所以聖人常善救人，而無棄人。

黄茂材曰：經曰，天下皆知善之爲善，斯不善已。美言尊行，天下所謂善也，未足以語道。

故立天子，置三公，雖有拱璧，以先駟馬，不如坐進此道。

潁濱蘇轍曰：立天子，置三公，將以道救人耳。雖有拱璧之貴、駟馬之良而進之，不如進此道之多也。

臨川王安石曰：立天子，置三公，雖有合拱之璧，先乘駟馬，足以迎賢者之來，而不如坐進此道而已。

道真仁靜先生曹道沖曰：日以駟馬璧玉，遍求賢俊，不如端居進道，則不召自來矣。

葉夢得曰：駟馬貴矣，而先之以拱璧，世必以是爲寶，非吾所謂寶也。

清源子劉驥曰：立天子以化之，置三公以佐之，雖有拱璧之寶，以先駟馬之車，然出而治人也，不如坐進此道。

黄茂材曰：魏文侯聞田子方之言，形解而不欲動，口鉗而不欲言，曰，吾所學者，真土梗耳，夫魏真爲我累耳。然則貴爲天子，輔以三公，加之拱璧、駟馬之榮，不如坐進此道，亦可知矣。

程大昌曰：坐之爲言，安其所而不佗，猶坐忘之坐也。

古之所以貴此道者，何也。不曰求以得，有罪以免耶。故爲天下貴。

御注曰：求則得之，求在我者也。古之人所以求之於陰陽度數而未得者，求在外故也。惡者遷善，愚者爲哲，此有罪所以免歟。故道之善救者如此。

碧虚子陳景元曰：耶者，嘆美之詞也。

潁濱蘇轍曰：道本在我，人患不求，求則得之矣。道無功罪，人患不知，知，則凡罪不能污也。

王雱曰：求以得，故善人寶之；有罪以免，故不善人保之。

葉夢得曰：夫婦之愚，未有求道而不得，一有聞焉，雖向之嘗以爲罪者，可以一洗皆空，則道之爲貴，果在此不在彼也。

清源子劉驥曰：古之得道者，出乎天地陰陽度數之外，禍亦不至，福亦不來，禍福無有，烏有人災。

程大昌曰：若其昔嘗暴棄溺於不善矣，今而迴心向道，則亦受而誨之，未嘗追咎既往也。

爲無爲章第六十三

爲無爲，事無事，味無味，大小多少，報怨以德。

御注曰：聖人應物之有，體道之無，於斯三者，概可見矣。大小言形，多少言數，物量無窮，不可爲倪。大而不多，小而不少，則怨恩之報，孰睹其辨，聖人所以同萬有於一無，能成其大。

碧虛子陳景元曰：夫心不動則虛明，虛明則衆妙可觀矣。身不勞則實厚，實厚則精神不虧矣。口不嗜則恬漠，恬漠則靈液不竭矣。又解味無味者，不味是非美惡之言，而味大道。無味之言，經曰，道之出口，淡乎其無味也。

潁濱蘇轍曰：聖人爲無爲，故無所不爲，事無事，故無所不事，味無味，故無所不味。其於大小多少，一以道遇之而已。蓋人情之所不忘者，怨也，然及其愛惡之情忘，則報怨猶報德也。

王雱曰：大小多少者，畏事之小如大，謹事之少如多。莊子曰，不怨於人。報怨以德者，以直報怨者，事也；以德報怨者，德也。事則吉凶與民同患，故種種色相，一不可廢，若夫德則不見有物，安得怨乎。如上三事，體道者也。方其體道，故當如此爾。報怨而以德，則知無所不用德。

道真仁静先生曹道沖曰：世間之物，與事不過大小多少，道一以貫之，報怨以德，仇讐怨絶，報怨以怨，相報無盡。

清源子劉驥曰：聖人體道在己，與天地同其德，與混元同其功。不爲而爲，不作而作，自然而然也。故爲出於無爲，事出於無事，味出於無味，其道雖大，而本甚小。故言大小。其用雖多，而要甚少，故言多少。大小者含太虛於方寸，多少者總萬有於真一。大小多少則大同於物，而萬物與我爲一，何怨之有。此言報怨以德，足見聖人仁民愛物之廣大，如天地之無不覆載，所以能體道之大也。

黄茂材曰：道無爲也，而有無爲之爲；道無事也，而有無事之事；道無味也，而有無味之味。天下莫大乎秋毫之末，而太山爲小，何形之小大；莫壽乎殤子，而彭祖爲夭，何數之多少。雖有忮心之人，不怨飄瓦，又何怨何德，其能齊小大、一多少、平怨德如此。

圖難於其易，爲大於其細。天下之難事，必作於易；天下之大事，必作於細。是以聖人

終不爲大，故能成其大。夫輕諾必寡信，多易必多難。是以聖人由難之，故終無難矣。

碧虚子陳景元曰：圖度其始易之時，則於終無難矣；營爲於初細之日，則於後無大矣。嚴君平曰：是以大難之將生也，猶風邪之中人也。未然之時，慎之不來，在於皮毛，湯熨去之；入於湊理，微鍼取之；在於臟腑，百藥除之；入於骨髓，天地不能變，造化不能治。故曰天下難事，必作於易。

潁濱蘇轍曰：世人莫不畏大而侮小，難多而易少，至於難而後圖，大而後爲，則事常不濟矣。聖人齊大小、一多少，無所不畏，無所不難，而安有不濟者哉。

陸佃曰：天下難事必作於易，天下大事必作於細，既謹矣，又當守之以謙，故曰，聖人終不爲大，故能成其大。

陳象古曰：易者，難之基；細者，大之本。故難易之相尋，大小之相續，如循環之無端。聖人知其然、信其理，故保小守下而已。

清源子劉驥曰：聖人抱道懷德，不離乎方寸之中，自知不自見，自愛不自貴，故終不爲大。然方寸之中，真性之内，無不忘也，無不有也，澹然無極，而衆美從之。此天地之道，聖人之德也，故能成其大。輕諾者，其後必寡信；多易者，其後必多難，聖人之於道，勤而行之，猶以爲難，故能窮理盡性以至於命，而終無難也。

其安易持章第六十四

其安易持，其未兆易謀，其脆易泮，其微易散，爲之於未有，治之於未亂。

御注曰：：安者，危之對；：未兆者，已形之對；：脆者，堅之對；：微者，著之對。持之於安，則無危；：謀之於未兆，則不形，聖人之知幾也。脆者泮之，則不至於堅冰；：微者散之，則不著，此賢人之殆，庶幾也。奔壘之車，沈流之航，聖人無所用智焉，用智於未奔沈，所謂爲之於未有，治之於未亂。

潁濱蘇轍曰：：方其未有，持而謀之足矣；：及其將然，非泮而散之不去也。然猶愈於既成也，故爲之於未有者上也，治之於未亂者次也。

陸佃曰：：其安易持，其未兆易謀，此言造理而悟也；：其脆易破，其微易散，此言造形而悟也。

清源子劉驥曰：：身乃神之車、神之舍、神之主也。主人安靜，神即居之；：主人躁動，神即去之，故其安易持。患生不意，禍生所忽，審其未兆而謀之，乘其微脆，泮而散之，則易矣；：及其禍患已成，而後謀之，是猶奔壘之車、沈流之航，聖人無所施其智巧。聖人用智於未奔沈，故爲之於未有，治之於未亂，去其害道者而已。

黄茂材曰：當其安而持之，不待於已危，故易持；當其未兆而謀之，不待於已形，故易謀；當其脆而泮之，不待於已堅，故易泮；當其微而散之，不待於已著，故易散。爲於未有之前，何爲不成；治於未亂之際，何治不濟。而不謂之易爲易治者，其易可知矣。

合抱之木，生於毫末。九層之臺，起於累土。千里之行，始於足下。

御注曰：有形之類，大必滋於小，高必基於下，遠必自於近。其作始也簡，其將畢也必巨。聖人見端而思末，覩指而知歸。

碧虚子陳景元曰：此三者諭不見幾，夫患不預防，惡不杜漸。其猶植木乎，初生於毫末，可拔而絶之；及其合抱也，本據乎陰巖，梢侵於陽嶺，青青百尋，鬱蔽日月，惡可伐哉。又如築臺乎，起土於一畚，可蹴而圮之；及其九層也，聳百仞之高，出乎中天，擬丘陵之大，廣乎數畝，惡可毁哉。又如遠行乎，始登於跬步，可旋踵而返；及其千里也，長川渺瀰，峻嶺巇嶮，途隘而可畏，路僻而多岐，惡可還哉。

清源子劉驥曰：神聖之道積習而成，雖可以頓悟，不可以頓進。日月有數，大小有定，聖功生焉，神明出焉。由小至大，猶合抱之於毫末；從卑至高，猶九層之於累土；自近及遠，猶千里之於足下。

黄茂材曰：合抱之木，天下以爲大也，大生於小，故知合抱即毫末也；九層之臺，天下以爲高也，高起於下，故知九層即累土也；千里之行，天下以爲遠也，遠始自近，故知千里即足下也。然則物之小者下者近者，其可忽諸？

爲者敗之，執者失之，是以聖人無爲故無敗，無執故無失，故民之從事，常於幾成而敗之。慎終如始，則無敗事矣。

碧虚子陳景元曰：爲，營爲也；執，執著也。敗起於有爲，不爲則何敗之有。失因於有執，不執則何失之有。是以聖人稟高明之性，措意不在小成，而常以虛靜恬淡寂寞無爲爲心，自然無爲無執、無敗無失。幾，近也，言世俗之人雖從務於善事，皆有始而無卒，先勤而後惰，常以功業近成而不能戒謹，乃復亡敗也，若能謹末如初，始終如一，則所爲無不成矣。豈有敗事也。《詩》曰：靡不有初，鮮克有終。

潁濱蘇轍曰：治亂、禍福之來，皆如彼三者，積小以成大。聖人待之以無爲，守之以無執，故能使福自生，使禍自亡。譬如種苗，深而厚耔耘之，及秋自穰。譬如被盜，危坐而熟視之，盜將自却。世人不知物之自然，以爲非爲不成，非執不留，故常與禍争勝，與福生贅，是以禍至於不救，福至於不成，蓋其理然也。聖人知有爲之害，不以人助天，始終皆因其自然，故無不成者。又曰，世人心存於得喪，方事之微，猶有不知而聽其自然者，及見其幾成，而重失之，則未有不以爲敗之者矣。故曰，慎終如始，則無敗事矣。

陳象古曰：極力有爲，爲極必敗；極力以執，執極必失。

葉夢得曰：世固未嘗有成敗，以吾有爲故成者必敗。世固未嘗有得失，以吾有執，故得者必失。此民之所以從事而不得不謹者也。

是以聖人欲不欲，不貴難得之貨，學不學，以復衆人之所過，以輔萬物之自然，而不敢爲。

碧虛子陳景元曰：難得之貨，謂金玉珠犀也。世俗以不欲爲憂，聖人以不欲爲樂，聖人之清静節儉，世俗之貪濁奢侈，是以世俗之所不欲者，迺聖人之所欲也，故視金玉如遺土也。世俗損天真以務外學，而失其分内之性；聖人守自然而不學，保其分内之天和。然世俗以不學爲過，聖人以不學爲真學，故曰，學不學，以復衆人之所過。

潁濱蘇轍曰：人皆徇其所欲以傷物，信其所學以害理。聖人非無欲也，欲而不欲，故雖欲而不傷於物；非無學也，學而不學，故雖學而不害於理。然後內外空明，廓然無爲，可以輔萬物之自然，而待其自成矣。

劉概曰：欲衆人之所不欲，故曰欲不欲，不欲衆人之所欲，故曰不貴難得之貨。學衆人之所不學，故曰學不學，不學衆人之所學，故曰復衆人之所過。

達真子曰：欲之所先，莫甚於難得之貨，學之所失，莫甚於衆人之所過。動不知静，爲不知止，皆所謂過也。聖人欲期於不欲，所以不貴難得之貨，學期於不學，所以復衆人之所過。若是，則不有其爲執之蔽也。故曰，以輔萬物之自然。

清源子劉驥曰：聖人非無欲也，欲人之所不欲，不以物易性，故不貴難得之貨。非無學也，學人之所不學，不以博溺心，故以復衆人之所過。反其性情而復其初而已，不益生，不助長，順物自然，無容私焉，而天下治，故以輔萬物之自然，而不敢爲。

黄茂材曰：道無欲也，欲不欲，所以求在我也。外物又何足貴。天下之物，各有自然之理，愚者不及，智者過之，與其過也，寧不及。故刳心去智，學所不學，輔物自然而已，何敢爲哉。

古之善爲道章第六十五

古之善爲道者，非以明民，將以愚之。

御注曰：民可使由之，不可使知之，三代而下，釋夫恬淡無爲，而悦夫哼哼之意，屈折禮樂以正天下之形，吁俞仁義以慰天下之心，將以明民也，名曰治之，而亂孰甚焉。

涑水司馬光曰：去華務實，還淳反樸。

潁濱蘇轍曰：古之所謂智者，知道之大全，而覽於物之終始，故足貴也。凡民不足以知此，而溺於小智，以察爲明，則智之害多矣。故聖人以道治民，非以明之，將以愚之耳。蓋使之無知無欲，而聽上之所爲，則民雖有過亦小矣。

道真仁静先生曹道沖曰：智則生奸，愚則反朴。

達真子曰：用其光，復歸其明。古之善爲道者，欲使民復歸其明，是謂非以明民也。欲使歛明若愚，是謂將以愚之也。

葉夢得曰：自道而降，民日趨於僞，不患其不明，而患其明之過，故聖人逆爲之防，而欲以道愚之也。

民之難治，以其智多。

御注曰：天下每每大亂，罪在於好智。

碧虛子陳景元曰：民之多智，則姦宄生焉，雖有法令而無所畏，故曰難治也。夫弓弩畢弋機變之智多，則鳥亂於上矣；鈎餌網罟罾笱之智多，則魚亂於水矣；削格羅落罝罘之智多，則獸亂於澤矣。智詐漸毒頡滑堅白解垢同異之變多，則俗惑於辯矣，故天下每每大亂。

故以智治國，國之賊。

御注曰：法出姦生。

涑水司馬光曰：上下相欺。

潁濱蘇轍曰：吾以智御人，人亦以智應之，而上下交相賊矣。

陳象古曰：用智則失其自然，故諭之以賊。

不以智治國，國之福。

御注曰：焚符破璽，而民鄙樸；掊斗折衡，而民不争。

涑水司馬光曰：王道正直。

達真子曰：以智治國，如莊子所謂開人也，開人者，賊生。不以智治國，如莊子所謂開天也，開天者，德生。

清源子劉驥曰：不以智治國，則忘情去欲，返本復樸，故國之福。

知此兩者，亦楷式。

御注曰：知此兩者，則知所以治國，知所以治國，故民則而象之，以爲楷式。

碧虚子陳景元曰：兩者謂用智與不用智。

道真仁静先生曹道沖曰：可爲後世楷模。

陳象古曰：楷式，不可渝也。

常知楷式，是謂玄德。玄德深矣遠矣，與物反矣，然後乃至大順。

御注曰：玄者，天之色。常知楷式，而不用其智，則與天合德，深不可測，遠不可窮，獨立乎萬物之上，物無得而偶之。

碧虚子陳景元曰：人君常知福可任之，賊可去之，致黔首於富壽，是有深冥之德。又觀其跡與物違戾，究其理則與民同歸。

涑水司馬光曰：物情莫不貴智，而有玄德者獨賤之，雖反於物，乃順於道。

潁濱蘇轍曰：吾之所貴者，德也；物之所貴者，智也。德與智固相反，然智之所順者小，而德之所順者大矣。

達真子曰：然則此者能與物反歸於道也，凡以道則大順，非道則大逆。

黄茂材曰：物皆强，吾獨弱；物皆動，吾獨静；物皆華，吾獨樸；物皆死，吾獨生，非爲與物反乎。能反於物者，可以至大順。

江海爲百谷王章第六十六

江海所以能爲百谷王者，以其善下之，故能爲百谷王。

御注曰：王有歸往之義，君能下下，則民歸之如水之就下。

碧虚子陳景元曰：開元御疏曰，江海所以能令百川朝宗而爲王者，以其善居下流之所致也。《易》云：地道變盈而流謙。

清源子劉驥曰：聖人體江海之善下，所以懷微妙，抱質樸，虚空無爲，非欲於道，道自歸之，以至天地之精，萬物之靈，莫不歸之。經所謂執大象，天下往，亦此之謂也。

黄茂材曰：此章所以重發明大國者下流章之義，以江海諭之，又見其道之大而能下者也，孰得而争之。

程大昌曰：孟子曰，以善服人者，未有能服人者也。有其善而能下人，則天下歸之如百谷之歸江海矣。

是以聖人欲上人，以其言下之；欲先人，以其身後之。是以聖人處上而人不重，處前而

人不害，是以天下樂推而不厭。以其不爭，故天下莫能與之爭。

御注曰：《易》於屯之初曰：以貴下賤，大得民也。得其民者，得其心也。處上而人不重，則從之也輕。處前而人不害，則利之者衆。若是者，無思不服，故不厭。《易》曰：百姓與能。

碧虚子陳景元曰：陸希聲曰：天道虧盈而益謙，地道變盈而流謙，鬼神害盈而福謙，人道惡盈而好謙。謙之爲德，卑以自牧，故江海以謙爲德，而爲百谷所歸往。聖人以謙爲德，而爲天下所先上，夫聖人豈欲先上哉，天下樂推而不厭耳。所以言先上者，舉聖人以勸衆人耳。然則聖人之處先上者，豈爭而得之耶。《書》曰：汝惟不矜，故天下莫與汝爭能；汝惟不伐，故天下莫與汝爭功。此之謂也。

潁濱蘇轍曰：聖人非欲上人先人也，蓋下之後之，其道不得不上且先耳。

王雱曰：聖人豈計利而爲此哉，亦德而已矣。德下之，則形上矣。德後之，則形先矣。故常爲天下貴。

陳象古曰：孤寡不穀，以言下之也，菲飲食而致孝乎鬼神，惡衣服而致美乎黼冕，卑宮室而盡力乎溝洫，以身後之也。

道德真經集注卷之十六

宋鶴林真逸彭耜纂集

天下皆謂章第六十七

天下皆謂我道大，似不肖。夫惟大，故似不肖。若肖，久矣其細也夫。

御注曰：肖物者小，爲物所肖者大。道覆載萬物者也，洋洋乎其大哉，故似不肖。若肖則道外有物，豈得爲大乎。

碧虚子陳景元曰：肖，似也。天下之人皆言我道虚無廣大，光而不燿，盛德若愚，無所象似，猶如不賢。我道虚無廣大，不爲下士所信，故似不賢也。若賢，而使人稱美之，不待於今，亦已久矣。若爲人所稱美，其道豈足爲大耶。細，小也。夫老子謂士成綺曰：夫巧智神聖之人，吾自以爲脱焉。此乃老氏不以賢美爲貴久矣。甯武子其智可及，其愚不可及近之矣。

涑水司馬光曰：言異於衆人。

潁濱蘇轍曰：夫道曠然無形，頹然無名，充遍萬物而與物無一相似，此其所以爲大也。若似於物，則亦一物矣，而何足大哉。

臨川王安石曰：夫道之大則不可以名，故似不肖。小則可以名，故若肖。故曰若肖，久矣其細也夫。

達真子曰：凡以此肖彼，則有形有體也，有形有體，則必有形體之所勝，而不能爲無敵之大也。唯道無形無體。凡所以言大者，莫能勝。若肖，則爲更大之所勝，終不免細之名也。故曰，若肖，久矣其細也夫。

黄茂材曰：天下惟道爲大，又孰有肖似。若有肖似，則道亦是一物也，何足以爲道。

程大昌曰：特不與俗肖，而與道肖也。爲其不與世俗肖，足以見其大。

我有三寶，寶而持之：一曰慈，二曰儉，三曰不敢爲天下先。夫慈，故能勇；儉，故能廣；不敢爲天下先，故能成器長。今捨其慈且勇，捨其儉且廣，捨其後且先，死矣。

碧虚子陳景元曰：聖人以慈爲行，勇於濟物。語曰：仁者必有勇。謂勇於救難，水火可蹈，不懼之謂也。儉約其用者，必能廣於賑施，所謂節用而愛人也。不敢肖也。

先於天下，則必能成器用之長。《易》曰：用九，見群龍無首，吉。此所謂道大，似不不合於世俗。

潁濱蘇轍曰：道以不似物爲大，故其運而爲德，則亦悶然，以鈍爲利，以退爲進，不合於世俗。今夫世俗貴勇敢，尚廣大，夸進鋭，而吾之所寶，則慈忍、儉約、廉退，此三者皆世之所謂不肖者也。世以勇決爲賢，而以慈忍爲不及事，不知勇決之易挫，而慈忍之不可勝，其終必至於勇也。世以廣大蓋物，而以儉約爲陋，不知廣大之易窮，而儉約之易足，其終必至於廣也。世以進鋭爲能，而以不敢先爲恥，不知進鋭之多惡於人，而不敢先之樂推於世，其終卒爲器長也。蓋樸散而爲器，聖人用之則爲官長，自樸成器，始有屬有長矣。勇廣先三者，人之所共疾也，爲衆所疾，故常近於死。

臨川王安石曰：慈則能柔，柔則能勝天下之至堅，故能勇；儉則知足，知足則常足，故能廣；不敢爲天下先，則物莫爲之先，故能成其器長。勇廣先三者，人之所共疾也，爲衆所疾，故常近於死。

清源子劉驥曰：夫道之至大，然有三寶，可以寶而持之，慈以愛物應世之寶也，儉以自愛修身之寶也，不敢爲天下先則挫鋭解紛體道之寶也。慈則果敢於濟難，故勇；儉則寡欲而易足，故廣；不敢爲天下先則不争，而天下莫能與之争，故能成器長。若捨其慈且勇，捨其儉且廣，捨其後且先，三者人之所共疾也，則剛强之徒，有死之道焉。

夫慈，以戰則勝，以守則固。天將救之，以慈衛之。

御注曰：仁人無敵於天下，故以戰則勝。民愛其上，若手足之捍頭目，子弟之衛父兄，效死而弗去，故以守則固。

碧虚子陳景元曰：三寶之中，慈最爲貴，故偏嘆美也。且慈兵入於敵之境也，則人知有所庇矣。兵至於國邑之郊，不踐果稼，不穴丘墓，不殘積聚，不焚室屋，得人虜而厚歸之，則人人悦之，若孝子之見慈親，餓隸之遇美食，歸降者若强弩之射深谷也，如是則何必陳兵於野，戰而後勝，重門擊柝，以爲守固哉。天道福善禍淫，善人則自天祐之，吉無不利。經曰：天道無親，常與善人。所以天將救助之者，以其主將能用慈仁衛護於士卒人民也。此皆道大似不肖者也。

潁濱蘇轍曰：以慈御物，物之愛之如己父母，雖爲之效死而不辭，故可以戰，可以守。天之將救是人也，則開其心志，使之無所不慈，無所不慈，則物皆爲之衛矣。

達真子曰：慈則衆無不歸，故以戰則勝；無不共力，故以守則固。凡天將拯救其人者，必使有慈以衛之也。

葉夢得曰：雖然我自處已易，物無所不濟難，故即三者推慈以爲先，而終復明之，以爲以戰則勝，以守則固，是今之所急也。天若救斯民，必使有爲慈者出而衛之。此老氏之所怛然有期於天下者歟。

清源子劉驥曰：三寶之中，慈最爲貴，所以再言之。慈以愛人，愛人者人常愛之，爲之效死，可以無敵於天下，故慈以戰則勝，以守則固，天將救之，則使之無所不慈，無所不慈，則物皆爲之衛矣。

黄茂材曰：慈愛之人，無害物之心，物亦無害之者，豈特戰則勝，守則固哉。物無害之則可以長生，故曰天將救之，以慈衛之。

程大昌曰：曾子曰，戒之戒之，出乎爾者反乎爾者也。我能慈，人且爲我勇，故遇戰則勝，遇守則固。設有不及，天且以其慈而加佑助焉。去邠而岐周以興，是其效也。

善爲士章第六十八

善爲士者不武，善戰者不怒，善勝敵者不争，善用人者爲之下。

潁濱蘇轍曰：士當以武爲本，行之以怯，若以武行武，則死矣。聖人不得已而後戰，若出於怒，是以我故，殺人也，天必殃之。以吾不争故，能勝彼之争。若皆出於争，則未必勝矣。人皆有相上之心，故莫能相爲用，誠能下之，則天下皆吾用也。

道真仁静先生曹道沖曰：勇而不武，威而不怒，不争者勝，貪先動者必敗，謙下則人與爲用，忽慢者人不爲力。

程大昌曰：老氏論兵，常惡乎争勝於兩陣之交，而貴夫圖全於未戰之前，正其重用人命焉耳。

是謂不争之德，是謂用人之力，是謂配天，古之極。

涑水司馬光曰：德與天合，自生民以來，無以加也。

黄茂材曰：老子言兵，皆有爲而發。故曰，是以配天，古之極。然非深知兵者，安能言之。熟論此篇之義，正使太公、穰苴、孫武之儔亦不過此。

用兵有言章第六十九

用兵有言：吾不敢爲主而爲客，不敢進寸而退尺。是謂行無行，攘無臂，仍無敵，執無兵。

御注曰：感之者爲主，應之者爲客，迫而後動，不得已而後起，謂之應兵。不嗜殺人，故難進而易退。

碧虚子陳景元曰：老氏痛當世用兵，以好戰爲本。夫兵者必以先舉爲主，後應爲客，且聖人之兵，常爲不得已而用之，故應敵而後起。應敵而後起者，所以常爲客也。進少而退多者，是審機密用，重敵之意也。夫行師在乎止敵，貴乎不争。雖行止敵，不行殺心，既無殺心，即我之師徒抱義以守，故行無行也。又將奮臂而先登，則若無臂而可奮，以其惡殺而尚慈也。夫有道之君，縱有凶暴之寇，妄動而來，則告之以文德，示之以義兵，彼必聞義而退，自然無敵。雖有仍引之威，而無敵可引，故曰仍無敵。敵既遠退，干戈戢藏，雖有持執之儀，而無兵可執，故曰執無兵。

涑水司馬光曰：主謂以强兵爲己任，客，謂人加於己，己不得已而應之。

潁濱蘇轍曰：主，造事者也；客，應敵者也。進者，有意於争者也；退者，無意於争者也。無意於争，則雖用兵與不用均也。苟無意於争，則雖在軍旅，如無臂可攘，無敵可因，無兵可執，而安有用兵之咎耶。

達真子曰：不能不有其已，不能不專其性，莫甚於用兵也。故用兵有言，可以託其至道之心矣。設若雖用兵之時，猶不敢爲主而爲客，則是不自有其已，不自專其性，心不事於殺伐者也。不敢進寸而退尺，心不勇於勝敵者也。

禍莫大於輕敵，輕敵幾喪吾寶。故抗兵相加，則哀者勝矣。

御注曰：輕敵則好戰，好戰是樂殺人也。樂殺人者，喪其慈而失仁民愛物之心，不可得志於天下矣。聖人用兵，救民於水火之中，取其殘而已。神武不殺，而以慈爲寶，故仁眇天下而無不懷，義眇天下而無不畏，是謂常勝。

碧虚子陳景元曰：《書》曰：撫我則后，虐我則仇。若然者則天下皆敵也。一國亦吾敵也，一鄉亦吾敵也，一家亦吾敵也，一身亦吾敵也。故王者不遺卑小之臣，即得萬國之歡心；公侯不侮於鰥寡，即得百姓之歡心；志士不忘於修身，即神悦而天樂，然後可以全吾寶。幾亡吾寶者何哉。我本慈愛，不樂殺人，不得已而至於無敵，非吾志也。抗，舉也，夫兩國舉兵相加也。哀者，慈愛發於哀誠之謂也，則由其君之有道也。若夫上存慈愛之心，不失使臣之禮，下輸忠臣之節，盡得事君之義，則何向而不勝哉。

潁濱蘇轍曰：聖人以慈爲寶，輕敵則輕戰，輕戰則輕殺，人喪其所以爲慈矣。兩敵相加，而吾出於不得已，則有哀心。哀心見，而天人助之，雖欲不勝，不可得矣。

道真仁静先生曹道沖曰：輕敵必敗之因也。失計則死，得計則生，其所係之大者，莫若於生與邦家之重，非寶者何。以兵相抗，愛士則哀，其臨敵以身視士卒，不以鬬戰殺人貪功爲樂，必勝也。

黄茂材曰：自周之衰，大道不明，人僞長而天真失，天下之人溺於聲色嗜慾，以喪其生者十常八九，故曰輕敵者，幾喪吾寶。老子所以再三言之不已，深哀其禍，慘於兵矣。

吾言甚易知章第七十

吾言甚易知，甚易行，天下莫能知，莫能行。

御注曰：道炳而易見也，故載之言則甚易知；要而易守也，故見之事則甚易行。孟子曰，道若大路然，豈難知哉。故道無難而天下無不能，有難不能者，不知反求諸己耳。

碧虛子陳景元曰：經曰，常無欲以觀其妙。又曰，少則得。又曰，爲無爲，事無事。又曰，不出户，知天下；不窺牖，見天道。又曰，行不言之教。并是無爲分内簡易之道，言則不煩，行則不勞，是易知易行也。莫能知行者，下士也。

潁濱蘇轍曰：道之大，復性而足，而性之妙，見於起居飲食之間耳。聖人指此以示人，豈不易知乎。人能體此以應物，豈不易行乎。然世常患日用而不知，知且不能，而況行之乎。

王雱曰：凡天地之難事，皆起於捨本逐末，與妄爲構，故内外交亂，奇物滋出，而智者不能勝也。

道真仁静先生曹道沖曰：至簡至易，無出於道，平易逍遥，何可難行。以其至簡，非思慮擬議之能諭，故莫能知；以其至近，非步驟遲速之能至，故莫能行。

清源子劉驥曰：天下莫能知，莫能行者，以其見善不明，用心不剛，敗道於有爲，喪生於多方。

言有宗，事有君。

御注曰：言不勝窮也，而理爲之本。事不勝應也，而道爲之主。順理而索，循道而行，天下無難矣。

碧虚子陳景元曰：宗，本也。君，主也。百家之言雖殊途，而同歸於理，得理者忘言，故言以不言爲宗本。萬緒之事雖異趣，而同會於功，成功而遺事，故事以無事爲君主。此以不言無事爲教，豈不易知易行耶。

潁濱蘇轍曰：言者，道之筌也；事者，道之跡也。使道可以言盡，則聽言而足矣；可以事見，則考事而足矣。唯言不能盡，事不能見，非舍言而求其宗，遺事而求其君，不可得也。

劉概曰：天下莫能知吾之易，而知其難者，蓋有宗莫之知也。天下莫能行吾之易，而行其難者，蓋有君莫之知也。

達真子曰：天下適於詳而不能反約，離其本而不能歸要，故曰莫能知莫能行。言有宗，爲言有宗主，所謂約也。事有君，爲事有君領，所謂要也。

陳象古曰：宗、君，强名也，在知其要而已。

清源子劉驥曰：百家之言，不勝窮也，當捨其言以求其意，得意則言可忘，忘言者，事之宗也。萬緒之事，不勝應也，當棄其事以求其理，窮理則事無事，無事者，事之君也。言得其宗，事得其君，則知一氣之動作，爲變化之樞機，煉形中之神，修神中之真，内澄一景，萬氣流行，恍恍惚惚，其中化物，窈窈冥冥，其中育精。

程大昌曰：宗者，族之總也；君者，臣之總也；道者，事之總也。

夫惟無知，是以不吾知也。

御注曰：小夫之智，不離簡牘，雖曰有知，實無知也，夫豈足以知道。

碧虚子陳景元曰：不我知，猶不知我也。不知我之道大，而謂似不肖也。

涑水司馬光曰：有知則知道矣。

潁濱蘇轍曰：蓋古之聖人無思無爲，而有漠然不自知者存焉，此則思慮之所不及，是以終莫吾知也。

黄茂材曰：井蛙不可以語於海者，拘於墟也；夏蟲不可以語於冰者，篤於時也；曲士不可以語於道者，束於教也。豈非其無知，故不吾知耶。

知我者希，則我貴矣。

御注曰：有高士之行者，見非於衆；有獨智之慮者，見驁於民，故有以少爲貴者。

涑水司馬光曰：道大，故知之者鮮。

潁濱蘇轍曰：衆人之所能知，亦不足貴矣。

臨川王安石曰：中士聞道，若存若亡；下士聞道，則大笑之。惟其大笑，故知我者稀，惟其若存，故知我者貴。

道真仁静先生曹道沖曰：知我者稀，則我之道不與世相往來，我乃貴矣。若人皆知我，則我不足貴也。

是以聖人被褐懷玉。

御注曰：聖人藏於天，而不自衒鬻。

潁濱蘇轍曰：聖人外與人同，而中獨異耳。

清源子劉驥曰：被褐則和光同塵，外與人同；懷玉則抱道藴奇，中與人異。

程大昌曰：褐者，日用之不可無，舉世所共也。玉者，難得之貨，富者所獨也。知我者稀，固足以見吾道之上矣，而聖人不以自異也。還以聖不可知之妙，而藏諸日用共由之間，以期乎人之皆能也。此孔子所謂二三子以我爲隱乎，吾無隱乎爾者也。

知不知章第七十一

知不知，尚矣；不知知，病矣。

碧虛子陳景元曰：夫聖人之稟氣純粹，而天性高明，内懷真知，而萬事自悟，雖能通知而不以知自矜，是德之上也。故曰知不知，尚矣。中下之士，受氣昏濁而屬性剛强，内多機智而凡事夸大，實不知道而强辯飾説以爲知之，是德之病也，故曰不知知病。此亦所謂知者不言，而言者不知也。

涑水司馬光曰：知之如不知，則遠怨；不知而强知，則招患。

道真仁静先生曹道沖曰：雖知，謙而曰不知，是實勝於名，故爲上。不知而曰知，是名過於實，故爲病。

清源子劉驥曰：無思無慮始知道；無處無服始安道；無從無違始得道，所以至人無爲，大聖不作，無知而無不知，無爲而無不爲，通於一而萬事畢。其知出於不知，故知不知，尚矣。衆人務多知而樂通物，於不知而知之，弊精神、役思慮，以文滅質，以博溺心，故不知知，病矣。

黃茂材曰：夫深知道者，與道爲一，尚何有知哉，此爲知之之至。若夫世人未嘗知道，乃自以爲知，知之之病，又甚於不知者焉。

夫唯病病，是以不病。聖人之不病，以其病病，是以不病。

御注曰：知其愚者，非大愚也；知其惑者，非大惑也。大惑者，終身不解；大愚者，終身不靈。

涑水司馬光曰：病人能自知其病，斯不甚病矣。

道真仁静先生曹道沖曰：能知病爲病，則終不爲病。聖人緣何不病，聖人知病爲病，終日循省，是以不病。

清源子劉驥曰：聖人所以不病，以病其病，而去其病也。

耳，凶。

民不畏威章第七十二

民不畏威，則大威至矣。

御注曰：小人以小惡爲無傷，而弗去也，故惡積而不可掩，《易》曰：何校滅耳，凶。

碧虚子陳景元曰：大威謂死兆也。君子有三畏：畏天命，畏大人，畏聖人之言。夫人立身以憂畏爲本，若以小惡爲無傷，而不憂畏，遂積之盈貫，以致乎大威至而不可逃也。嚴君平曰：大威已至，乃始爲善，當是之時，道德不能救，天地不能解，非天之罪也。

潁濱蘇轍曰：夫性自有威，高明光大，赫然物莫能加，此所謂大威也。人常患溺於衆妄，畏生死而憚得喪，萬物之威雜然乘之，終身惴慄之不暇，雖有大威而無自知也。苟誠知之，一生死，齊得喪，坦然無所怖畏，則大威燁然見於前矣。

劉概曰：《詩》曰：畏天之威，于時保之。蓋衆人不知畏天之威，故大威至矣。

清源子劉驥曰：世俗之人，不知天命，不畏天威，以小惡爲無傷，而不知憂畏，然積之足以滅身，以至大威至，而無所逃於天地之間。大威，謂死兆也。

黄茂材曰：夫民冒險而行死亡，有所不顧，何威之畏，不畏威則大威及之。孰爲大威，不有人禍必有天殃是也。

無狹其所居，無厭其所生。夫惟不厭，是以不厭。

御注曰：居者，性之宅。人之性至大不可圍，而曲士不可以語於道者，狹其所居故也，擴而充之，則充滿天地，包裹六極，無自而不可。孟子曰：居天下之廣居。生者，氣之聚。人之生通乎物之所造。而厭其所生者，旦晝之所爲，有梏亡之矣，梏之反復則夜氣不足以存彼。保合太和，而無中道夭者，無厭其所生故也。

碧虚子陳景元曰：古本作狎，狎，習也。所居謂所居之處也。厭，惡也。所生，謂道也。言畏慎之人，凡居處當擇善鄰，無習惡友，清静自守，使災禍莫干，形全神王，斯所謂畏慎之深也。人不可厭惡其道，當服勤尊仰，則可以永保元吉也。若縱其欲惡，厭道慢德，則禍不旋踵矣。

潁濱蘇轍曰：性之大可以包絡天地，彼不知者，以四肢九竅爲已守也。守之而不厭，是以見不出視，聞不出聽，蕞然其甚陋也。故教之曰：無狹其所居。彼知之者，知性之大而吾生之狹也，則愀然厭之，欲脱而不得，不知有厭有慕之方，囿於物也，故教之曰，無厭其所生。夫惟聖人不狹不厭，與人同生，而與道同居，無廣狹淨穢之辨，既不厭生，而後知生之無可厭也。

劉概曰：無狹其所居，德之地也；無厭其所生，德之本也。德之地，盡性也；德之本，至命也。

清源子劉驥曰：無狹其所居，無厭其所生，所以畏威也。居者，性之宅也，擴而充之，無狹其所居，則居天下之廣居，與萬物同其情，與虛無同其體。生者，氣之聚也，寶而持之，無厭其所生，則含太虛之至精，與天地合其德，與日月合其明。曲士不可語於道，或狹其所居，或厭其所生也。小智自私惑於存想，狹其所居者也；棄有著空，蔽於斷滅，厭其所生者也。夫道不棄人，人自棄道。人若不厭道，道亦不厭人，故夫惟不厭，是以不厭。

黄茂材曰：無厭其所生，欲其好生也。夫能好生，則能長保其生，何厭之有。

程大昌曰：不厭之一語，方且重複言之者。其一在上，其一在下也。夫惟不厭者，君上不厭也；是以不厭者，民多賴也。故曰夫惟不厭，是以不厭也。

是以聖人自知不自見，自愛不自貴。故去彼取此。

御注曰：聖人有自知之明，而不自見以矜其能。有自愛之仁，而不自貴以臨物。若是者，處物不傷物，物莫之能傷也。方且樂天而無憂，何威怒之足畏乎。聖人之所去取，抑可見矣。

碧虚子陳景元曰：若夫去彼自見自貴之憍縱，而取此自知自愛之畏威，得其尊道奉天之理，而天道亦不厭惡於人，是故威罰外消，而生道内足也。

潁濱蘇轍曰：聖人雖自知之，而不自見以示人；雖自愛之，而不自貴以眩人。恐人之有厭有慕也，厭慕之心未忘，則猶有畏也。畏去而後大威至矣。

道真仁静先生曹道沖曰：自知消息損益，惟道是從，不自見功能，求顯於世，保身自愛，内自修鍊，不自貴其身而耀俗，彼謂外物，此謂自真。

達真子曰：所居不能無狹，所生不能無厭者，蓋由乎自見其自知之性，自貴其自愛之心也。唯雖自知也不自見，雖自愛也不自貴，則所居不狹而廣，所生不厭而善，故聖人去彼自知自愛之情，取此不自見不自貴之心也。

黄茂材曰：知者在心，見者在目，故知可自而見不可自。愛者在我，貴者在人，故愛可自而貴不可自。去彼，去其自見自貴者也；取此，取其自知自愛者也。

道德真經集注卷之十七

宋鶴林真逸彭耜纂集

勇於敢則殺章第七十三

勇於敢則殺，勇於不敢則活。

御注曰：剛强者，死之徒；柔弱者，生之徒。列子曰：天下有常勝之道曰柔。

碧虛子陳景元曰：剛毅之人，無所畏忌，見威不懼，必果無廻，視其凶頑便施誅戮，雖有諫諍未嘗顧眄，故曰，勇於敢則殺。懷道之士，謹於去就，檢身知退，靜順柔和，弗敢有爲，不忍殺傷，衆雖睚眦，終懷慈仁，故曰，勇於不敢則活。

葉夢得曰：勇於敢則好殺，勇於不敢則好活。均於必行而不可屈，故同謂之勇。

程大昌曰：勇於敢則殺，即所謂强梁者不得其死。蓋推其理，有取死之道焉故也。勇於不敢則活，即虎兕無所投其爪，甲兵無所措其刃者也。

此兩者，或利或害。天之所惡，孰知其故。是以聖人猶難之。

御注曰：順天者存，逆天者亡，雖聖人不敢易也。

碧虚子陳景元曰：兩者謂敢與不敢，殺與活也。故，意也。夫天地之大德曰生，故聖人以慈爲寶，而不樂殺人也。死者，人倫之荼毒也，凡含生之類，皆惡其死也。勇於果敢者，殺之道也。勇於慈仁者，活之道也。若以此義守而不變，是未明天地殺生之權也。今乃曰或利或害者，是於殺活有所未定耶。夫人爲不善於顯明之處，人得而誅戮之；爲不善於幽閑之所，鬼得而殺伐之。此雖有大聖之慈、天道之仁，不能憫救也。

涑水司馬光曰：聖人於天道，亦不敢易言之。

潁濱蘇轍曰：勇於敢則死，勇於不敢則生，此物理之常也。然而敢者或以得生，不敢者或以得死，世遂以僥倖其或然，而忽其常理。夫天道之遠，其有一或然者，孰知其好惡之所從來哉。故雖聖人猶以常爲正，其於勇敢未嘗不難之。列子曰：迎天意，揣利害，不如其已。患天道之難知，是以歷陳之也。

王雱曰：下愚小智，但見衆人之所利，而不知天所惡也。故下文明天道之所以然，當視以爲法。

陸佃曰：觀之以粗理，則剛强勝柔弱；觀之以真理，則柔弱勝剛强。故剛强，天之所惡也。

道真仁静先生曹道沖曰：此兩者，敢與不敢，然而保生者以不敢爲利，謂其可活。而亦有端居偶逢其禍者，慕名者勇於敢，捍敵而多害，或有輕生而終不罹害者。

達真子曰：勇於敢則勇於有爲也，勇於不敢則勇於無爲也。無爲則任於自然，有爲則因其或使。有爲之爲害，莫不甚於殺，無爲之爲利，莫不甚於活。是以此兩者或利或害也。天之道任其自然，則或使者爲天之所惡也。且天道遠而難測，雖聖人猶難之，况非聖人者乎。

陳象古曰：勇於敢，是害也；勇於不敢，是利也，皆失其沖和之妙用也。天之所惡，與道違也。

葉夢得曰：可殺而殺，則利；非所當殺而殺，則害。可活而活，則利；非所當活而活，則害。蓋可殺者必天之所惡，天道難諶，人不可以知其故，聖人猶難之。

清源子劉驥曰：勇於敢或以得生，勇於不敢或以得死，此兩者或利或害。天之所惡，孰知其故，是以聖人猶難之。然要其終而盡其變，然後知天網恢恢廣大，雖疏而不失也。

天之道，不争而善勝。

御注曰：萬物之出，與之出而不辭；萬物之歸，與之歸而不迕，是謂不争。消息盈虚，物與之俱，而萬物之多，皆所受命，是謂不争而善勝。

陳象古曰：天法道，故如是。

碧虚子陳景元曰：天道自然平施，不逆萬物，而萬物自尊之，豈與人校其敢與不敢，殺與活哉。然而人自服從者，不與物争，而能善勝者也。所謂勝物而不傷，非由其勇敢也。

涑水司馬光曰：任物自然，物莫能違。

潁濱蘇轍曰：不與物争於一時，要於終勝之而已。

王雱曰：天爲群物之父，豈與赤子爲敵乎。

清源子劉驥曰：不争，而天下莫能與之争。

不言而善應。

御注曰：天何言哉。變以雷風，示以禍福，無毫釐之差，有影響之應。

碧虚子陳景元曰：天何言哉，四時行焉，百物生焉，而福善禍淫之應，信不差矣。

涑水司馬光曰：隨其順逆，應以吉凶。

潁濱蘇轍曰：天何言哉，四時行焉，百物生焉，未有求而不應者也。

清源子劉驥曰：不言而萬物莫不受其命。

不召而自來。

碧虚子陳景元曰：天道高遠，又無言教，何嘗呼召萬物。而萬物背陰而向陽，春生而秋實，暑往而寒來。

涑水司馬光曰：不疾而速，不行而至。

潁濱蘇轍曰：神之格思，不可度思，矧可斁思，夫又誰召之哉。

臨川王安石曰：陰陽代謝，四時往來，日月盈虚，與時偕行。故不召而自來。

坦然而善謀。

御注曰：德行常易以知險。

臨川王安石曰：以其常易，故坦然；以其知險，故善謀。

潁濱蘇轍曰：坦然舒緩，若無所營，而其謀非人之所及也。

天網恢恢，疏而不失。

御注曰：聖人爲能體此，故不就利、不違害。常利而無害，所以與天合德，異夫勇於敢者。

碧虚子陳景元曰：張自然之羅，故曰天網；縱太虚之寬，故曰恢恢。四達皇皇，是謂疏。幽明難逃，是謂不失。

潁濱蘇轍曰：世以耳目觀天，見其一曲而不睹其大全，有以善而得禍，惡而得福者，未有不疑天網之疏而多失也。惟能要其終始，而盡其變化，然後知其恢恢廣大，雖疏而不失也。

達真子曰：皆其自然之所致，惟勇於不敢者能同也。蓋能同於天，則能同於道矣。

黄茂材曰：四者天之道也，人能順天則存，不能順天則亡，無謂其道闊遠，可得而欺也。

程大昌曰：天之覆物也廣矣，苟於細小之地而致察焉，則效近而力狹，所謂三年生一葉，則物之有葉者少矣，正其理也。夫惟總大略小，則夫不能致察於初，大類乎疏矣。然要其終，驗其大，則夫一定而不爽者，常可必也。故曰一雀過，羿必得之，則以一人而候一物者耳。以天下爲之籠，而雀無所逃，此明於用大者之論也。世之疑天者，殆如夏葉有一黄落，而執之以爲不純乎陽，冬枝而有一華實，而指之以爲不純於陰，豈其可與論大者哉。周之興也，商之賢者不聞在亡，皆得伸氣，而伯夷叔齊餓死於首陽之下。至於漢之武帝，慕古好儒，而司馬遷獨受刑辟，故遷發憤於夷齊，以舒其怨，而曰天道無親，常與善人。若伯夷叔齊者，非善人耶。此以一葉焦枯而議夏，以一枝華實而疑冬者也。遷蓋好黄老而不得夫恢恢之大旨者也。

民常不畏章第七十四

民常不畏死，奈何以死懼之。若使民常畏死，而爲奇者，吾豈執而殺之，孰敢。

碧虚子陳景元曰：不畏死有二義，達者得其常理而不畏死，愚者失其常理而不畏死。夫人生而静，天之性，樂生惡死，人之常，耕而食，織而衣，安其居，樂其業，養生葬死，此世之常禮也。夫民存常性，官守常法，而無枉濫，皆得其死，而生死得常則何畏之有。逮德下衰，不能無爲，禁網繁密，民不聊生，盗竊爲非，欺紿生亂，小恐惴惴而懷驚，大恐緩緩而忘死，如何刑法滋深，主司暴酷，更以大辟族誅之令而恐懼於良民哉。畏死亦有二義，養生謹慎之人，畏其夭死而修德也，造惡偷安之人，畏其刑死而矯法也。人之自然也，則含哺而嬉乎淡泊，鼓腹而游乎混茫，雖百年之殂，而不知老之將至，此順化之民也。今乃法令滋彰，動入死地，是使民常畏死。夫民畏死則偷安其生，偷安其生者，未有不先興奇變姦詐之心而矯其法也。姦詐生而禍亂作，則吾主司者得專執而殺戮之，欲其姦詐絶縱，而誰敢犯之者。

潁濱蘇轍曰：政煩刑重，民無所措其手足，則常不畏死，雖以死懼之，無益也。

民安於政，常樂生畏死，然後執其詭異亂群者而殺之，孰敢不服哉。

達真子曰：民之所畏者，莫甚於死，然所動者以愛慾，所適者以情累，所以動之死地，是謂常不畏死也。以道言之，則常不畏死，奈何以死焉懼乎，言雖懼亦無如之何也。

陳象古曰：奇，邪也。今以其不畏死，故不敢任殺。

黄茂材曰：此有司之事，非老子可得而代其任。獨孔子爲魯司寇，七日而誅少正卯，其他奇行之民，固亦不少。

常有司殺者殺。而代司殺者殺，是代大匠斲。夫代大匠斲，希有不傷其手矣。

御注曰：上必無爲而用天下，下必有爲而爲天下用，不易之道也。代司殺者殺，代大匠者斲，是上與下同德，倒道而言，迕道而説，人之所治也，安能治人。文王罔攸兼於庶言，庶獄庶慎，惟有司之牧。夫爲是故也。

潁濱蘇轍曰：司殺者，天也，方世之治而詭異，亂群之人恣行於其間，則天之所棄也。天之所棄而吾殺之，則是天殺之而非我也。非天之所殺而吾殺之，是代司殺者殺也。代大匠斲則傷其手，代司殺者殺，則及其身矣。

清源子劉驥曰：然司殺者，造化也。萬物之自生自殺，有造物者主之，不假人手。若以人爲代造化生殺，是猶代大匠斲也。代斲且不免傷，況代殺乎。

民之饑章第七十五

民之饑，以其上食税之多也，是以饑。民之難治，以其上之有爲也，是以難治。

御注曰：賦重則民不足，政煩則姦僞滋起，民失其樸。

碧虚子陳景元曰：有爲則政煩，無爲則簡易，易則易從，煩則難治。又上有擊鮮玉食之厭，則下有腐糗糟糠之美。

涑水司馬光曰：擾之故難治。

潁濱蘇轍曰：上以有爲導民，民亦以有爲應之，故事多而難治。

黄茂材曰：賦斂重而民力困，故饑；法令煩而民心詐，故難治。

人之輕死，以其生生之厚也，是以輕死。

御注曰：矜生太厚，則欲利甚勤；放僻邪侈，無不爲已。

碧虚子陳景元曰：夫政令煩苛，賦斂重大，而民亡本業矣，亡業則競求寳貨，而觸法犯禁，輕就死地，以其各求養生之具太厚，致有蹈水火而不懼，逆白刃而不驚，故曰是以輕死。

涑水司馬光曰：求利所以養生也，而民常以利喪其生。

潁濱蘇轍曰：上以利欲先民，民亦爭厚其生，故雖死而求利不厭。

王雱曰：生者不有其生，則生常全。既過於厚，則求欲無已，觸刑蹈險，視死輕矣。

道真仁靜先生曹道沖曰：多欲則厚，於用度則不足，不足則生貪心，嗜好驅之，飢寒迫之，故輕生圖利也。

陳象古曰：迷於愛慾，忘其患苦，衆人之情也。

黄茂材曰：風俗驕奢，而民決性命之情以爭，故輕死。

唯無以生爲者，是賢於貴生也。

碧虚子陳景元曰：夫貪生趨利者，如羊之就屠，以速其死耳。獨有外形忘生者，處皂隸而不辱，食藜藿而常甘，雖世事之險巇，亦陸沈而安穩，是以有異乎貴生者也。自貴其生者，謂身欲安逸，口欲厚味，形欲美服，目欲好色，耳欲音聲。

涑水司馬光曰：外其身而身存。

潁濱蘇轍曰：貴生之極必至於輕死，惟無以生爲而生自全矣。

王雱曰：此篇三事，但明其一，則餘二可知也。

陳象古曰：無以生爲，道之妙也。

葉夢得曰：由是言之，患民之難治，而有爲以治之，豈若無爲而使之自治。恐民之飢而多税以食之，豈若無税而使之自食也。

黄茂材曰：夫言豈一端而足哉，老子之道本以貴生。今云無以生爲者，以民矜生大厚。鄭有公孫朝、公孫穆二人者，極其酒色之欲，問之，則曰：生難遇，將以盡吾一生之歡。此言所以袪其惑耶。

程大昌曰：簞食瓢飲亦可以飽。而必以食前方丈爲事，則失於太厚也。充方丈之食，而推其所自來，則豈其易辨也哉。攫金忘人，犯龍而探珠，折一臂而期得國，亦將甘心爲之，雖水火兵刃悉皆無避，則或因生生以致喪生也。

人之生章第七十六

人之生也柔弱，其死也堅强。草木之生也柔脆，其死也枯槁。故堅强者，死之徒也；柔弱者，生之徒也。

御注曰：萬物負陰而抱陽，沖氣以爲和，陽以發生爲德，陰以肅殺爲事。方其肅殺，則沖和喪矣。故曰堅强者，死之徒；柔弱者，生之徒。

碧虚子陳景元曰：民之生也，含元和之氣，抱真一之精，形全神王，故其百骸柔弱也。及其死也，元和之氣散，而真一之精竭，形虧神亡，故其百骸堅强也。無情者，以氣聚散爲榮枯，有識者，以道存亡爲生死。開元疏曰：草木生則柔脆，死則堅强，則知人爲堅强之行者，是入死之徒也，爲柔弱之行者，是出生之類爾。嚴君平曰：陽氣之所居，木可卷而草可結也；陽氣之所去，水可凝而冰可拆也。故神明陽氣，生之根也；柔弱，物之藥也。柔弱和順，長生之具，而神明陽氣之所託也。萬物隨陽氣以柔弱也，故堅强實滿，死之形象也，柔弱潤滑，生之區宅也。

潁濱蘇轍曰：沖氣在焉，則體無堅强之病；至理在焉，則事無堅强之累。

是以兵强則不勝，木强則共。故堅强居下，柔弱處上。

御注曰：拱把之桐梓，人皆知養之，强則伐而共之矣。柔之勝剛，弱之勝强，老氏之道術有在於是。莊子曰：以濡弱謙下爲表。

碧虚子陳景元曰：夫兵者，所謂凶險之器，鬭争之具。所觸之境，與敵對者也。故兵强則主不憂，主不憂則將驕，將驕則卒暴。夫以不憂之君御驕將，以驕將臨暴卒，且敗覆之不暇，何勝敵之有哉。故夏商之裔，以百萬之師而傾四海；始皇之末，以一統之業而喪九州；項羽忽霸而遽亡，王莽既篡而旋滅，符堅狼狽於淮上，隋煬分崩於楚宫，此數家之兵，皆多至數兆，少猶數億，無不自恃其成以取其敗，此皆兵强則不勝之明驗也。

臨川王安石曰：共者，不順之辭。故曰木强則共。

王雱曰：伐而共之。

達真子曰：用兵有言，不敢爲主而爲客，不敢進寸而退尺，善勝敵者不争，皆意不在於强也。是以兵强則不勝者此也。木之强則必人共伐，兵以柔弱致其勝，木以柔弱致其存，是以堅强可居其下，而柔弱可處其上也。人之立性，固不異此。

潁濱蘇轍曰：物之常理，精者在上，粗者在下。其精必柔弱，其粗必剛强。

黄茂材曰：列子載老聃之言曰，兵强則滅。木强則折。列子之書，大抵祖述老子之意，且其世相去不遠，木强則折，其文爲順，今作共，又讀如拱，其説不通，當以列子之書爲正。

葉夢得曰：此有道以佐人主者，所以不欲以兵强天下也。

天之道章第七十七

天之道，其猶張弓乎。高者抑之，下者舉之，有餘者損之，不足者補之。天之道，損有餘補不足。人之道則不然，損不足而奉有餘。

御注曰：道無益損，物有盈虛，注焉而不滿，酌焉而不竭者，聖人之所保也。降而生物，則天地盈虛，與時消息，而況於人乎。天之道以中爲至，故高者抑之，不至有餘；下者舉之，不至於不足。將來者進，成功者退，四時運行，各得其序。滿招損，謙得益，時乃天道。

碧虛子陳景元曰：嚴君平曰，夫工人之爲弓也，無殺無生，無翕無張，制以規矩，督以準繩，弦高急者寬而緩之，弦弛下者攝而上之，其有餘者削而損之，其不足者補而益之，弦質相任，上下相權，平正爲主，調和爲常。故弓可秤而矢可行。夫按高舉下，損大益小，天地之道也。開元疏曰：此明人道不能同天道之損益，而裒多益寡也。在《易》之損下益上曰損，損上益下曰益，以下爲本也。䷨損下益上，其道上行，夫在泰卦而損下益上，遂變之爲損：䷩損上益下，民説無疆，夫在否卦而損上益下，遂變之爲益，此聖人設卦觀象之法也。開元引證，深得之矣。

潁濱蘇轍曰：張弓上筋，弛弓上角，故以况天之抑高舉下。天無私，故均；人多私，故不均。

葉夢得曰：張弓者，挽之而後弛，是亦斂之於己而施之於物者也。故天道亦如之，此其高下抑揚，有餘不足，無不中其節者，其取之不在外也，人反是求於外，而不求於内，是以每損人之不足，以奉己之有餘。

清源子劉驥曰：天道出於自然，故損有餘而補不足；人道出於使然，故損不足以奉有餘。

黄茂材曰：天之道無高無下，無有餘不足，譬之張弓然，適其平而已。人則異於天，以眇然之軀精神能有幾何晝夜用之役於外物，無時少休，豈非損不足奉有餘乎。

孰能損有餘而奉不足於天下者，其唯道乎。是以聖人爲而不恃，功成不居，其不欲見賢耶。

御注曰：不恃其爲，故無自伐之心；不居其功，故無自滿之志。人皆飾智，己獨若愚，人皆求勝，己獨曲全，惟不欲見賢也。故常無損，得天之道。

碧虚子陳景元曰：奉者，明聖君哲人居物之上，心不忘下，如卑者之奉尊，而不以高貴加人也。夫聖人者，圓通爲智，因物爲心，齎萬物而不爲義，澤及萬世而不爲仁，長於上古而不爲老，覆載天地，刻雕衆形而不爲巧，豈以己所施爲，矜恃其美哉；功成事遂，固處其位哉。夫惟不恃不處，故能爲群材之帥也。

潁濱蘇轍曰：有道者，贍足萬物而不辭，既以爲人己愈有，既以予人己愈多。非有道無以堪此。爲而恃，成而處，則賢見於世，賢見於世則是有餘自奉也。

葉夢得曰：惟有道者爲能爲天之所爲，則亦爲而不恃，功成而不處，不自安乎外爾。此聖人也，而曰不欲見其賢，夫賢且不欲見，而況其聖者乎。

清源子劉驥曰：孰能損有餘而奉不足於天下者，其唯道乎。道之在天下，萬物恃之以生而不辭，皆往資焉而不匱，有餘者損之，不足者奉之，循天之理，與天同德，使天下自然不失其正也。無自伐之心，故爲而不恃；無自滿之志，故功成不居。不恃其爲，不居其功，故不欲見賢。

黄茂材曰：有道之士，以太虛爲室，以無何有爲鄉，以日月山川爲其燕娱，乘雲氣，驅役陰陽，飲沆瀣而食至和，皆天地間物之有餘者，取之不窮，用之無盡，將以養其精神，無使不足而已。非夫聖人孰能爲之，然亦何嘗恃其爲之之跡，居成功而見其賢耶。

道德真經集注卷之十八

宋鶴林真逸彭耜纂集

天下柔弱章第七十八

天下莫柔弱於水，而攻堅强者，莫之能先，以其無以易之也。

御注曰：《易》以井論性，言其不改。老氏謂水幾於道，以其無以易之也。有以易之，則徇人而失己，烏能勝物。惟無以易之，故萬變而常一，物無得而勝之者。

臨川王安石曰：天下之物，能小而不能大，能方而不能圓。水則不然，因地而爲，小大隨器，而爲方圓，不失其常，故曰無以易。

王雱曰：水，方圓曲直隨物萬變，而初不易己，此其所以終能勝物也。夫玉石堅强矣，而持以攻物，有時而碎者，以其可易耳。

道真仁静先生曹道沖曰：柔之力甚大，日以摩軋馳騁，堅而强者，皆不能勝之矣。

陳象古曰：水之爲功，善利萬物，入污流下，非柔而何。攻堅强者，恃力違順，故不能勝水之柔也。無以易之，其理自然，故不可改易。

清源子劉驥曰：水且尚爾，況於道乎。道之爲物，惟怳惟惚，至柔至弱也。

黄茂材曰：上善若水章，言水善利萬物而不争，處衆人所惡，與此所言大抵略同。含垢納污，水之德也。雖爲天下王，莫能違之。

柔之勝剛，弱之勝强，天下莫不知，而莫之能行。

御注曰：智及之，仁不能守之。

碧虚子陳景元曰：夫水之滅火，陰之制陽，舌柔齒剛，舌存齒亡，此天下之莫不知，而世俗之所共聞也。而迺各師其心，莫能行其柔弱之道者，此老氏所以重歎息，故引聖人之言。

道真仁静先生曹道沖曰：人非不知，而不能行者，何也，以其好强恥弱也。

陳象古曰：水，衆人之所見，非難知之物也。莫能行，則信道不明，崇道不篤也。

是以聖人言：受國之垢，是謂社稷主。受國之不祥，是爲天下王。

碧虚子陳景元曰：聖人言者，三墳之遺文也。或老氏之論也。垢，穢辱也，言人君能含受垢穢，引萬方之罪，在予一人；予一人有罪，無以汝萬方，則民仰德美而不離散，可以常奉社稷而爲主矣。又人君能謙虚用柔，稱孤寡不穀，則四海歸仁，六合宅心，是謂天下王矣。傳曰：山澤納污，國君含垢。蓋近之矣。

涑水司馬光曰：含垢納污，乃能成其大。

道真仁静先生曹道沖曰：社稷之主，如天地之大，江海之寬，容垢包濁，無所不可。祥者，善也。自是則人皆非之，不自善者人皆美之，故王天下。

葉夢得曰：不祥，重於垢，故所受彌多，所得彌大。

程大昌曰：百姓有過，在予一人。小人怨汝詈汝，則曰朕之愆，允若時，是受垢也。人之所惡，惟孤寡不穀，而侯王以爲稱，是受不祥也。二者皆莊子之所謂謙下濡弱也。

正言若反。

御注曰：言豈一端而已，反於物而合於道，是謂天下之至正。

碧虚子陳景元曰：夫能行柔弱，則爲王爲主；尚剛强，則招禍招咎。聖人受垢受惡，則永保元吉；世俗樂美樂榮，則終致災凶。正言俗意如此乖反，明矣。

潁濱蘇轍曰：正言合道而反俗，俗以受垢爲辱，受不祥爲殃故也。

王雱曰：此可爲智者道爾。正言若反，反於小智之近情，而合於大道之至正也。

道真仁静先生曹道沖曰：皆反於俗見，故曰若反。

陳象古曰：似反於正矣。受垢爲社稷主，受不祥爲天下王，以言觀之，則似非正，以理觀之，則至正矣。

葉夢得曰：此正言而人謂之反，以其言觀之也。

黄茂材曰：合於道者，反於俗。

程大昌曰：若反而實不反也。

和大怨章第七十九

和大怨者，必有餘怨，安可以爲善。

御注曰：復仇者，不折鏌干，雖有忮心，不怨飄瓦，故無餘怨。愛人者，害人之本也。偃兵者，造兵之本也。安可以爲善。

碧虚子陳景元曰：怨，恚也，惡也，相望也，大怨者，輕生徇死之謂也。夫國君不能無爲無事，謙卑柔弱，而民乃多欲好争，姦詐并興，怨惡相望，心氣不平，遂使輕生徇死之徒，攘臂於道術矣。而國君設教立法以繩之，其殺人者死，傷人者刑，而和報其恚惡怨望也。然以事和之，則翻濟其怨。故知有怨而和之者，未若無怨而不和也。徒知和其大怨，而不省其大怨之所由興，雖和之以至公，而不免有餘怨。若乃大小多少，而以無心至德報之者，幾乎造物哉。夫聖賢本以刑政和報其怨惡，奈何姦詐愈甚，而怨望益多也，如是則安可以爲善。

潁濱蘇轍曰：夫怨生於妄，而妄出於性，知性者不見諸妄，而又何怨乎。今不知除其本，而欲和其末，故外雖和，而内未忘也。

清源子劉驥曰：爲治者不能無事無爲，至於有大怨而後和之，必有餘怨安，可以爲善。

黄茂材曰：夫人不怒虚舟，不怨飄瓦，以其無心而已，若以爲怨而和之，是有心也，安能無怨，不足以爲善。

程大昌曰：怨之大者，莫大於兩國干戈之仇矣，聘會以平之，詛盟以要之，皆求有以和之者也。然會稽之棲，厭然臣妾也，而嘗膽抱冰，藏毒伺釁，多歷年所，迺始發見，則陽浮道以示相平者，豈其可信也。況夫攻奪人之城邑，殺戮人之父兄，借使敵國之君遷延未肯輕動，而其人民子弟含痛茹恥，必且隨事從臾，以期報復者，人情之常也，故曰安可以爲善。

是以聖人執左契，而不責於人。

碧虚子陳景元曰：李榮曰：古者聖人刻木爲契，君執於左，臣執於右爲信。又陸希聲曰：聖人之心與百姓心，猶左右契耳，契來則合而不責於人，故上下相親，怨惡不作。

潁濱蘇轍曰：契之有左右，所以爲信而息争也。聖人與人均有是性，人方以妄爲常，馳騖於争奪之場，而不知性之未始少亡也。是以聖人以其性示之，使之除妄以復性，待其妄盡而性復，未有不廓然自得，如右契之合左，不待責之而自服也。然則雖有大怨懟，將渙然冰釋，知其本非有矣，而安用和之。彼無德者，乃欲人人而通之，則亦勞而無功矣。

王雱曰：左契取於人，右契取人，左無事而右主權，故古者分契之法，如此也。聖人執左契，不從事於物，而物自來合，吾應其合者耳，所謂感而遂通天下之故也。然則聖人常受天下之責，而無責人之心，是以終無怨。莊子曰：以得爲在人，以失爲在己。湯曰：萬方有罪，罪在朕躬，此之謂也。記曰：獻牛馬者，操右契。蓋獻者并券以進，是知左契乃受責者之所執。《史記》曰：操右券以責事。

道真仁静先生曹道沖曰：左，陽也，契，合也，左契者，天道也。天道無私，民之善惡，自與吉凶相契，聖人非故責人，而或予之，或奪之，但司之而已，吉凶禍福，皆民自爲之也，故不私其恩，而終無歸其怨。

達真子曰：左者心之所處，契者言其合也。聖人執心以合道，而不責於人。

清源子劉驥曰：古者結繩以爲治，破木以爲契，君執於左，臣執於右，契來則合，所以取信。

黄茂材曰：道無求於世，待其自至，同焉者合而已。譬如契有左右，執其左契以待其來合者，何責於人，故有德司之。

程大昌曰：獻粟者，執右契，漢之剖竹爲符也，右留京師，左以授守臣，謂之左符，其意度制作，皆與此應也。

故有德司契，無德司徹。

御注曰：欒通物，非聖人也。無德者，不自得其得，而得人之得，方且物物求通，而有和怨之心焉。兹徹也，祇所以爲蔽。

碧虛子陳景元曰：夫有德者，中古之君也，無文書法律，但刻契合符以爲信約，則民自從化，故稱有德也。無德者，謂遠古之君也，德大無名，物皆自然，而穴處巢居，各安其分，故其君無思無慮，朝徹而見獨，不爲不恃，道冥而德淵，更無契可司，但司其通徹而已矣，故稱無德焉。

臨川王安石曰：司徹通於事，則不能無責於人，不能無責於人，則不能使人之無怨。此其所以爲無德也。

道真仁静先生曹道沖曰：司契以天道契於臧否，司徹欲以聰明盡其民情，而民情安能盡之，故與則爲恩，不予則爲怨。

清源子劉驥曰：有德司契，亦猶是也。有德之人，真性内明，通元究微，若合符契，而不求之於人，故謂之司契；無德之人，真性未明，博學多識，以務通徹，而不求之於已。

黄茂材曰：徹者，通也。莊子曰：樂通物者，非聖人也。

林東曰：聖人執左契，不從事於物，而物自來合，吾應其合者耳。故有德之人司契，如右契之合左；彼無德者，乃欲人人而徹通之，則亦勞而無功矣。

天道無親，常與善人。

御注曰：善則與之，何親之有。

碧虚子陳景元曰：夫天道無所私，唯善人是與，是謂天網恢恢，疏而不失。是以上善之人，自然符會，何用司契而責於人哉。此復太古之風也。

潁濱蘇轍曰：契之無私，亦猶是也。惟合者則得之矣。

道真仁静先生曹道沖曰：非親而與之，而善人自與福契，此天道也。

清源子劉驥曰：契之無私，亦猶是也，惟合者得之。

黄茂材曰：天無私親，善則與之，爲善者非特無求於人，亦無求於天，待其自至而已。

小國寡民章第八十

小國寡民。

御注曰：廣土衆民，則事不勝應，智不勝察，德自此衰，刑自此起，後世之亂，自此始矣。老氏當周之末，厭周之亂，原道之意，寫之於書，方且易文勝之弊俗，而躋之淳厚之域，故以小國寡民爲言。蓋至德之世，自容成氏至於神農，十有二君，號稱至治者，以此而已。

碧虛子陳景元曰：國小能自守，民寡能自足，可以返乎太古矣。

潁濱蘇轍曰：老子生於衰周，文勝俗弊，將以無爲救之，故於其書之終，言其所志願，得小國寡民以試焉，而不可得爾。

道真仁靜先生曹道沖曰：小國民少，而事務亦簡，若數口之家，衣食粗足，無所用心。又以小爲大，則張大而勞；以大爲小，則簡靜而佚。

葉夢得曰：國之不能治，以大視之也；民之不能安，以衆視之也。夫孰知有以大爲小，以多爲少之道乎。是故國大而以大治之，民衆而以衆爲之，則有終身不能勝者。聖人之道無他，亦曰小國寡民而已。普天之下，不爲不廣，率土之濱，不爲不多，而吾未嘗知其廣且多也。

清源子劉驥曰：本在上，末在下，要在主，詳在臣。天下雖大，其本甚小，故言小國；百姓雖多，其要甚寡，故言寡民。

使民有什伯之器，而不用也。

潁濱蘇轍曰：民各安其分，則小有材者不求用於世。什伯之器，則材堪什夫伯夫之長者也。

使民重死，而不遠徙。

御注曰：其生可樂，其死可葬，故民不輕死而之四方。孔子曰：上失其道，民散久矣。遠徙之謂歟。

涑水司馬光曰：愛生安土。

王雱曰：樂生遂性，故重死安土無求，故不遠徙。無道之世，貧薄士多，而利欲勝乎好生，末盛本衰，而貪求在乎分外，故觸刑陷險，如履平地，而車轍足迹，交於四方。

道真仁静先生曹道沖曰：千金之下，必有勇夫，故民重利而輕死。邦小民寡，家給事希，故樂土而不遷。

陳象古曰：人各自足，以全生意，故重其死；少欲寡求，不必遠就其利。

雖有舟輿，無所乘之；雖有甲兵，無所陳之。

御注曰：山無蹊隧，澤無舟梁，同乎無知，其德不離。無絶險之迹，故雖有舟輿，無所乘之；無攻戰之患，故雖有甲兵，無所陳之。

臨川王安石曰：民自足於性分之内，則無遠遊交戰之患。

道真仁静先生曹道沖曰：水行則用舟，陸行則用輿。今既樂其土不遷，弗遠徙而就利，民不相往來，故無用。大國不侵小國，守土介冑戈矛，不戰安用。

陳象古曰：寡欲易足，民共不爭。故舟輿可閑，甲兵可偃。

清源子劉驥曰：淡然自守，不相往來，故雖有舟輿，無所乘之。恬然自足，不相紛爭，故雖有甲兵，無所陳之。

程大昌曰：難於就死，則必樂生，故無盜，無盜則甲兵爲虛設。安土而無外慕，無外慕則不他徙，故舟輿爲長物也。

使民復結繩而用之。

碧虚子陳景元曰：今將使人忘情去欲，歸於淳古。

潁濱蘇轍曰：事少民樸，雖結繩足矣。

清源子劉驥曰：彼民各有常性，耕而食，織而衣，含哺而熙，鼓腹而遊，其行填填，其視顛顛，可以同於上古至德之世。故使民復結繩而用之。甘其食，美其服，安其俗，樂其業，鄰國相望，鷄犬之音相聞，使民至老死不相往來。

程大昌曰：莊子備舉此語，而致諸伏羲神農以上，且推論後世之失曰：今遂使民延頸舉踵曰，某所有賢者，贏糧而趣之，足跡接乎諸侯之境，車軌結乎千里之外，是上好智之過也。好智而無道，則天下亂矣。故夫結繩之可復也。其必自民無外慕者始也；則愚其智，使入於無欲者，又絶其外慕之本也。

甘其食，美其服，安其俗，樂其業。

御注曰：止分故甘，去華故美，不擾故安，存生故樂。

碧虚子陳景元曰：夫君上無欲，而民自樸，嗜好不生，民乃知足。雖蔬食藜羹之糲，而飽滿淡味爲甘；葛衣鹿裘之粗，而温涼無文爲美；茅茨蓬蓽之陋，而風雨不侵爲安；南炎北沍之苦，而水土任適爲樂。

涑水司馬光曰：雖疏惡隘陋，自以爲甘美安樂。

潁濱蘇轍曰：内足而外無所慕，故以其所有爲美，以其所處爲樂，而不復求也。

陳象古曰：易自足也。

鄰國相望，雞犬之聲相聞，使民至老死不相與往來。

御注曰：居相比也，聲相聞也，而不相與往來。當是時也，無欲無求，莫之爲而常自然。此之謂至德。

碧虚子陳景元曰：鄰國相望，猶今郡縣之相接也。雞犬之音相聞，謂民豐而境近也。民至老死，言無戰敵而壽終也。不相往來，猶魚相忘於江湖，人相忘於道術也。此可以同赫胥尊盧之風矣。

潁濱蘇轍曰：民物繁夥，而不相求，則彼此皆足故也。

臨川王安石曰：夫德之被於民，及其極也，則能使民無知無欲，惟知耕而食，蠶而衣，而不知其所以然。

道真仁静先生曹道沖曰：自耕自織，不闕衣食；無與無求，往來何益。

清源子劉驥曰：古之人有連墻二十年而不相謁請者，蓋進此矣。

黄茂材曰：昔者容成氏、大庭氏、伯皇氏、中央氏、栗陸氏、驪畜氏、軒轅氏、赫胥氏、尊盧氏、祝融氏、伏羲氏、神農氏，當是時，民結繩而用之，甘其食，美其服，樂其俗，安其居，鄰國相望，雞犬之音相聞，民至老死不相往來。老子之意，欲與天下之民同於上古乎。

信言不美章第八十一

信言不美，美言不信。

御注曰：道之出口，淡乎其無味，貌言華也，故不足信。

碧虚子陳景元曰：夫信實之言，淡乎無味，其猶水也，水淡則能久，不美者，以其質而苦也。美好之言，甘而滋溢，其猶醴也。醴甘則易絶，不信者，以其華而虚也。

潁濱蘇轍曰：信則爲實而已，故不必美；美則爲觀而已，故未必信。

臨川王安石曰：信者性也。言近於性，則極天下之至順。故言之信者不美，言之美則不能近於性矣。

清源子劉驥曰：信言合於道，美言悦於人。

黄茂材曰：天下皆知美之爲美，斯惡矣。言足信於人，何用美哉。美則不信。

程大昌曰：信者誠然也，用其誠然者，言之無所緣飾，故不美也。所謂道之出口，淡乎其無味者也。美言則涉迹而文，如春臺太牢者是矣。食於母而談其真者，不如此也。

善者不辯，辯者不善。

涑水司馬光曰：吉人寡辭，盜言孔甘。

潁濱蘇轍曰：以善爲主，則不求辯；以辯爲主，則未必善。

道真仁静先生曹道沖曰：其行實善，不假辯説；心行不善，自疑而巧説。

黄茂材曰：道無問無辯，果於善，何用辯哉。辯則不善。

知者不博，博者不知。

御注曰：知道之微者，反要而已，聞見之多，不如其約也。莊子曰：博之不必知，辯之不必慧。

碧虚子陳景元曰：知者謂知其道也，明於理而知根本，得其要而已，何必博乎。所謂少則得也。《西升經》云：子得一，萬事畢。博者謂博通於物，務於事而攻異端，不知所極，所謂多則惑也。莊子曰：文滅質，博溺心。

涑水司馬光曰：知者不博，一以貫之；博者不知，多歧亡羊。

潁濱蘇轍曰：有一以貫之，則無所用博。學而日益者，未必知道也。

道真仁静先生曹道沖曰：精粹已知而不須廣博，不知要理，徒謂多聞。

葉夢得曰：今老氏之爲書，使人得以受而味焉，則近乎美；窮萬物之理而無不至，則近乎辯；察萬事之變而無不該，則近乎博。然固有信而不美，善而不辯，知而不博者存。

黄茂材曰：通乎一，萬事畢。苟知一矣，何用博哉。

聖人無積，既以爲人己愈有，既以與人己愈多。

御注曰：有積故不足，無藏故有餘。莊子曰：聖道運而無所積。

涑水司馬光曰：聖人不積，不私無物。既以爲人己愈有，德智無窮；既以與人己愈多，損之而益。

潁濱蘇轍曰：聖人抱一而已，他無所積也。然施其所能以爲人，推其所有以與人，人有盡而一無盡，然後知一之爲貴也。

王雱曰：聖道運乎無方，而我常無滯，故以至無供萬物之求；積而有之，所得鮮矣。爲人者，施於事業以治天下也，因其勢而利之，則吾道不虧，而事業彌廣矣。與人者，授之以道也，授之以道，如天生物，吾未嘗費而物日以夥。既云無積，故又明能淡足萬物，蓋惟無積，乃所以能足也。

道真仁静先生曹道沖曰：體虚善應。

清源子劉驥曰：聖人體道之妙，應物之求，以德分人，未嘗費我。既以爲人己愈有，既以與人己愈多，萬物皆往資焉而不匱，無積故也。

黄茂材曰：道與天下共也，非聖人已私物。聖人運而無積，既以爲人，而在己者不加亡，故曰愈有。既以與人，而在己者不加少，故曰愈多。此道所以爲善貸萬物而不遺者歟。

程大昌曰：此其故何也。聖人者，道之管也，道者，居於至無，而萬有莫不由之以出，故不待營致藏聚。視之不足於見，聽之不足於聞，而用之無時或既。莊子曰：益之而不加益，損之而不加損者，聖人之所保也，淵淵乎其若海，巍巍乎其終則復始也。

天之道，利而不害；聖人之道，爲而不争。

御注曰：體天而已，何争之有。

潁濱蘇轍曰：勢可以利人，則可以害人矣；力足以爲之，則足以争之矣。能利能害，而未嘗害，能爲能争，而未嘗争，此天與聖人所以大過人，而爲萬物宗者也。

葉夢得曰：抑嘗觀世之論老氏者矣，自漢蓋公得其術，教曹參以相齊而齊治。竇太后好之，施於文景，而天下大安。兹非其利乎。然以清虚而廢實務，其流遂至於亡者，則不可謂無害。孔子曰：述而不作，信而好古，竊比於我老彭。古今所傳以老爲老氏，信斯言也。孔子所不廢，兹非其爲乎，然有病其搥提仁義，絶滅禮學，以爲有見於上，而無見於下，群起而非之，則不可謂無争。此二言者，老氏之所前知也。

黄茂材曰：聖人與天，其道一也。在天謂之利而不害，在聖人謂之爲而不争，其實無二。八十一章，雖名《道德經》，始終言道而已。

程大昌曰：此二語皆主柔而言也，凡其一書，皆主柔以達所欲，而其道原，蓋出於天也，是以篇終對而言之。

潁濱蘇轍曰：凡此皆老子之所以爲書，與其所以爲道之大略也。故於終篇復言之。

道德真經集注釋文

宋鶴林真逸彭耜纂集

序

甚矣，文字之流傳，而説者之不一也。《魯語》一書，以何晏所傳，校之蔡邕石經已不同矣，況其他乎。余於老氏音釋，既集李、林二家以補陸德明之未備，其經之正文則專據《政和御本》。而諸家之同異，亦互見於其中，合爲一書，以繼篇末。惟老氏以清虚無爲爲本，領其學與經生學之異，固不在乎一句一讀之微，然亦安有辭義之未通而理道之頓悟，惟覽者互考焉。鶴林彭耜謹書。

道可道章第一

河上本作體道。徼，陸德明《釋文》古弔切，小道也，邊也，微妙也。黄徼作竅。

天地皆知章第二

河上本作養身。五注本作天下皆知美章。皆知善之爲善，達真、清源上并有天下字。斯惡已，斯不善已，李畋《音解》已居里切；蘇已并作矣。傾，陸去營切，高下不正貌。夫，李音符，發語之端，下經并同。去，李羌呂切，除也，非來去之去。

不尚賢章第三

河上本作安民。使心不亂，《纂微》心上有民字。之治，蘇、五注、葉下各有也字。使夫知者不敢爲也，陸知音智；五注無敢字；邵無也字。無不治矣，程無矣字。

道沖章第四

河上本作無源。沖，陸直隆切。或不盈，陸盈或作滿；蘇或下有似字。淵兮，陸、河上作乎。李淵爲涓切，深静貌。挫，陸子卧切。鋭陸悦歳切。紛陸拂云切。湛陸直減切。吾不知誰之子，《纂微》、司馬、陳并無之字。象帝，李如字，象，似也；帝者，興益之宗、發生之主。又解云，兆見曰象，言此發生之帝，能兆見物象。

天地章第五

河上本作虚用。蘇、曹、黄、程并作天地不仁章。芻，陸楚俱切。狗，陸古口切。橐，陸他各切；李韛也。鼓，風之器。籥，陸音藥；李笛也，運吹之樂。杜廣成疏，以橐爲皮囊，以籥爲囊口，竹管。屈，陸、河上作屈，竭也。愈，陸羊主切，又羊朱反。數，陸如字，理數也，又勢數也；李音數，頻也。

谷神章第六

河上本作成象。蘇、五注、曹、清源、黄本并作谷神不死章。谷，陸古木切，中央無者也；河上作谷者養也；李音同上，言谷之應聲，如道之應物，未嘗休息。牝，陸頻忍切，舊云扶比切，又扶緊切；李頻忍切，母也，言母養萬物。

天長地久章第七

河上本作韜光。天地所以能長且久者，黄天地下有之字；程無者字。私邪，陸、河上直云以其無私；李邪以遮切，語助。

上善若水章第八

河上本作易性。而不争，《纂微》、司馬、曹、陳而并作又。處衆人所惡，陸惡烏路切，五注無人字；《纂微》、司馬、蘇、曹、陳、清源、黄、程、邵人下并有之字。故幾於道，陸幾音機，近也，又一音祈；五注、達真、葉句下并有矣字。故無尤矣，《纂微》、司馬、蘇、曹、陳、清源并無矣字。

持而盈之章第九

河上本作運夷。持而盈之，司馬持作恃。不如其已，李已音以，止也；盈，滿也，言執持盈滿，不如休止無患；清源如作知。揣，陸初委切，又丁果切，志瑞切。鋭，陸、王弼作棁，音鋭；河上作鋭。堂，陸或作室。驕，《纂微》、司馬作憍，《廣韻》憍亦作驕，并舉喬切。遺，陸唯季切，以之切；林東《音釋》一作貽。咎，陸作九切。功成，陸、王弼作遂，又作成。

載營魄章第十

河上本作能爲。載營魄，李并如字。離，陸力智切；李如字。闔，陸户臘切。

三十輻章第十一

河上本作無用。輻，陸音福，車輻亦是。轂，陸古木切，車轂也。當，陸丁浪切。車，陸音居，又去於切。埏，陸始然切；河上云和也；《纂微》、司馬埏并作挻，和也。埴，陸市力切。

五色章第十二

河上本作檢欲。令，陸力征切。盲，陸陌庚切。爽，陸差也；河上云亡也；李疏兩切，口喙珍鮮則真味差忒，故曰爽。行妨，陸行下孟切；妨音方。去，陸羌吕切。

寵辱章第十三

河上本作厭耻。何謂寵辱，陸、王弼下有若驚二字；簡文云，寵，得也；辱，失也。若，而也。寵爲下，《纂微》作寵爲上，辱爲下。吾所以有大患者，清源無者字。故貴以身爲天下，若可寄天下；愛以身爲天下，若可託天下，《纂微》身字下各有於字，若可寄天下作則可以託天下，若可託天下作則可以寄天下，司馬與《纂微》略同，爲天下下各添者字，託天下寄天下下各添矣字，若可下并有以字。

視之不見章第十四

河上本作贊玄。夷，李如字，平易之稱。希，李如字。搏，陸音搏；簡文補各切。微，陸細也；李如字，微妙之微。此三者不可致詰，陸詰起吉切；清源無此字。故混，陸混户本切；蘇故下有復字。皦，陸古曉切，又胡老切。昧，陸梅對切；李音同上，暗也，言道在上非明，在下非暗。繩繩兮，陸食陵切，又民忍切；梁帝云，無涯際之貌；顧云，無窮不可序，或云寬急；李如字，運動不息貌。《纂微》、蘇、曹、陳、達真并無兮字；黄兮作乎。復，陸音服。無物之象，司馬有兩無物之象；蘇作無象之象。恍惚，恍，陸、王弼作怳，虚往切；李音同；林恍音晃。惚，李、林并音忽。《纂微》、司馬、黄、曹作惚怳；蘇、陳、達真、葉、林并作惚恍，按《集韻》恍怳并虎晃切，二字通用。

古之善爲士章第十五

河上本作顯德。夫惟不可識，《纂微》惟作唯，後同；司馬無可字。强，陸其丈切。豫兮猶兮，陸豫如字，或作懊；《纂微》、蘇、曹、陳并無兮字。儼若容，《纂微》、曹、達真容并作客；司馬作儼兮其若客。涣若冰將釋，司馬作涣兮若冰之將釋。孰能濁以静之徐清，《纂微》以下有澄字。孰能安以動之徐生，《纂微》、蘇、曹、陳、程以下有久字；司馬動作久。保此道者，清源無者字。故能敝，陸、王弼作蔽，必世切；鍾會婢世切；《纂微》、蘇蔽并作弊；五注、葉并作是以能弊，清源同上，無能字；司馬作是以能弊復成；黄敝作蔽。

致虚極章第十六

河上本作歸根。芸芸，李如字，又作云云，芸芸者，諭萬物也，以茂盛爲動，以凋衰爲静；云云者，諭人事也，以逐欲爲動，以息念爲静，義同。蓋經有根字，故作芸芸。各歸其根，司馬、曹、陳各下并有復字。没身不殆，葉無此四字。

太上章第十七

河上本作淳風。太上，陸、王弼太作大，音太，王注太上，謂大人也；顧云，太古上德之上人也。其次，畏之侮之，司馬、五注、達真、葉、程侮之上并有其次字；陳作其次畏而侮之。故信不足焉，《纂微》、司馬、蘇、曹、陳、達真、程并無故焉二字。猶兮其貴言，《纂微》、司馬、蘇、曹、陳無兮字；程無此句。事遂，五注作名遂。百姓皆曰，司馬無皆字；《纂微》、蘇、曹、陳并皆曰作謂；黄、程曰作謂。

大道廢章第十八

河上本作俗薄。

絶聖棄智章第十九

河上本作還淳。倍，陸蒲罪切。令，陸力征切。此三者以爲文不足，司馬作以爲文而未足；程無此字。屬，陸之欲切。見，陸賢遍切。

絶學無憂章第二十

河上本作異俗。唯，陸遺癸切，舊云，維水切。阿，李烏何切。善之與惡相去何若，陸去，欺慮切；蘇無此二句。享，李享與饗同；陸音烹，今不取。如春登臺，司馬、五注、葉、邵并作如春登臺。怕兮，陸作廓，苦郭切；河上作怕，普白切；林音薄，静也；《纂微》一作魄；清源怕作泊。乘乘兮，陸作儽儽兮，力追切一本曰損益也，敗也，欺也，《説文》音雷，古河上作乘乘兮；李乘乘，食陵切，運動相適貌；《纂微》一作魁魁兮。我獨若遺，司馬、蘇、曹、陳上有而字；葉我下有欲字。純純，陸、王弼作沌沌，又作忳忳，徒損切，又徒門切；簡文音頓；李純純如字，質樸無欲之稱；《纂微》作沌沌。昭昭，陸章遥切，一作照。我獨若昏，陳作昏昏。悶悶，陸如字；李莫奔切，寬大貌；陸音如字，非寬大之稱，又於經不協韻。澹兮其若海，陸澹，徒紺切；古河上作忽兮若海；

嚴遵作忽兮若晦；《纂微》作忽若海；司馬作忽兮其若晦；蘇、曹、陳作忽若晦；葉海作晦；程兮作乎。飂兮似無所止，陸飂，力幽切；梁簡文作飄，敷遥切；《纂微》飂作漂；司馬作飄；蘇作寂若無所止；曹、陳飂并作寂；程作飂飂乎。衆人皆有以，司馬無有字。我獨頑且鄙，《纂微》、司馬、蘇、曹、陳且并作似；程同，我上有而字。而貴求食于母，《纂微》、司馬并作而貴食母；蘇作兒貴食母；五注、曹、陳、達真、葉、清源、黄于并作於，程作而貴食於母。

孔德之容章第二十一

河上本作虚心。惟道，《纂微》、司馬、蘇、五注并作唯；《廣韻》唯，以追切，獨也。惟恍惟惚，陸、王弼作怳，况往切，又呼廣切；《纂微》諸本惟并作唯。惚兮恍兮，中有象；兮恍兮惚兮，中有物兮，《纂微》、司馬、蘇、五注、曹、陳、達真、葉、清源、黄、程、邵并作惚兮恍，其中有象；恍兮惚，其中有物。窈兮冥兮，陸窈，烏了切；冥，莫經切；司馬、曹作窈兮冥。中有精兮，《纂微》、司馬、蘇、五注、曹、陳、達真、葉、清源、黄、程、邵并作其中有精。

曲則全章第二十二

河上本作益謙。枉則直，陸枉音往；李紆往切，屈也；葉直一作正。窪，陸烏瓜切；簡文烏麻切；顧洿；李烏瓜切，埳也，地窪則水滿，諭謙德常盈。爲天下式，陳、清源上有以字。見，陸賢遍切。故有功，蘇無有字。不争，李平聲，下同。故天下莫能與之争，葉作是以天下莫能争。

希言自然章第二十三

河上本作虚無。故飄風，《纂微》、司馬、蘇、曹、陳、達真、程無故字。驟雨，陸驟，狀救切；蘇作暴字。天地尚不能久，五注尚下有且字；葉尚上作且。而況於人乎，邵無於字。道者同於道，司馬、五注無道者二字。

跂者不立章第二十四

河上本作苦恩。跂，陸、王弼跂作企，若賜切；河上作跂；李跂，丘弭切，又去智切；林跂，與企同。跨，陸苦化切。其在道也，《纂微》、司馬、蘇、五注、曹、陳、達真、清源在并作於；蘇又也作者。贅行，陸贅，專稅切，疣贅也；簡文之睿切，行，下孟切。

程并無也字。

惡，陸烏路切。不處也，李處，昌與切，居也；《纂微》、司馬、蘇、曹、陳、達真、清源、黄、

有物混成章第二十五

河上本作泰元。混，陸胡本切。先天，陸先，悉薦切；李音同，上居無象之前曰先。寂，陸、王弼作宗，亦作寂。寥陸、王弼作寞；河上作寥，空，無形也；鍾作飂，云空疏無質也；李落涓切，虚静湛然之稱。殆，陸田賴切，危也。强爲之名曰大，陸强，其文切；司馬、達真、程作强名之曰大。域中有四大，而王處一焉，蘇、程處作居；《纂微》、司馬、曹、黄并作而王居其一焉；陳無此兩句。

重爲輕根章第二十六

河上本作重德。重，陸直用切。輕，陸起政切；李如字。躁，陸早報切。離，陸音利。輜，陸側其切。觀，陸古亂切。燕處，陸燕，於見切；李燕，與陸同，下昌與切；《纂微》燕作宴。如何，《纂微》、司馬、蘇、曹、陳、達真、葉、黄、程如并作奈。

善行章第二十七

河上本作巧用。蘇本作善行無轍迹。行，陸下孟切。轍，陸、梁云，應車邊，古作徹者，古字少也；李直列切，輪輾地爲轍。瑕讁，陸上下家切，過也；下直革切，譴責也。不用籌筭，《纂微》筭作策；司馬無用字；陳不用作無。揵，陸其偃切；李門距也，横曰關，竪曰揵。善行，至。善結，司馬下并有者乎。而不可解，陳而作故。故無棄人，故無棄物，葉故并作而。

知其雄章第二十八

河上本作反朴。谿，陸苦奚切，或作溪。離，陸力智切；李如字，與經協韻；陸力智切，不協。忒，陸杜得切。長，陸丁丈切；林云，或以音韻之學，平仄見於此章。

將欲章第二十九

河上本作無爲。蘇、清源、黄本并作將欲取天下章。而爲之者，《纂微》、蘇、曹、陳、程并無者字。故物，蘇、五注、達真、葉、清源、黄、程故并作凡。嘘，陸、王弼作歔，音虚；河上作呴，許具切；《纂微》、司馬、蘇、曹、達真、陳、葉并作呴，許具切。吹，李如字。羸，陸力爲切。載，陸、王弼作挫，作臥切，搦也；河上作載；李載如字。隳，陸許規切；《纂微》、司馬隳作墮。是以聖人，司馬以作故。

以道佐人主者章第三十

河上本作儉武。好還，陸上呼報切；下音旋。故善者果而已矣，《纂微》、司馬、蘇、曹、達真、陳并下無矣字。取强焉，《纂微》、司馬、蘇、曹、達真、陳并無焉字；葉作强取焉。果而勿强，《纂微》、司馬、曹、達真、陳、清源并上有是字；黄、程上有是謂二字。非道，非道早已，《纂微》、司馬、蘇、曹、陳、清源、黄、程非并作不。

夫佳兵章第三十一

河上本作偃武。佳，陸格牙切，善也；河上飾也。惡，陸烏路切。是以君子居則貴左，《纂微》、司馬、曹、陳、黄并無是以字。恬淡，陸上牒嫌切，亦作栝；下作澹，徒暫切，亦作惔；古河上作恢；梁武云，苦回切；簡文曰恬惔；林或作然。故不美也若美必樂之，《纂微》、司馬、蘇、曹、陳、程并無此句，只作勝而不美。樂之者，《纂微》、蘇、曹、陳、程并作而美之者；司馬作若美之者；林樂，五教切，又音洛。是樂殺人也，《纂微》、司馬、蘇、曹、陳、程并無也字。樂殺人者，《纂微》、司馬、蘇、五注、曹、達真、陳、葉、清源、程、邵上并有夫字。不可得志於天下矣，《纂微》、蘇、曹、陳、清源、程下并無矣字；司馬不可下有以字。吉事尚左，司馬、五注、達真、葉、清源上并有故字；陳吉事下有者字。是以偏將軍處左，上將軍處右，《纂微》、司馬、蘇、曹、陳并無是以字。言居上勢則以喪禮處之，《纂微》、司馬、蘇、曹、陳并無居上勢則四字；程勢作世。戰勝以喪禮處之，《纂微》、司馬、蘇、五注、曹、陳、達真、清源、程、邵勝下并有則字。

道常無名章第三十二

河上本作聖德。莫能臣，陸、河上作天下不敢；《纂微》、司馬、蘇、曹、陳、程并作不敢臣。侯王，陸、梁武作王侯。人莫之令而自均，李令，力政切，教命也，下同；司馬人作民。由川谷之與江海也，《纂微》、司馬、蘇、曹、陳由并作猶，無也字；清源、黄、程只由作猶；五注、達真、葉、黄與作於；林一本無江字。

知人者智章第三十三

河上本作辯德。勝人者有力，五注、葉、清源無有字。不失所者久，邵所下有止字。

大道汎兮章第三十四

河上本作任成。汎，陸、王弼作氾，又作汎；李凡范切，言大道汎然無滯，應彼萬象。功成不居，《纂微》、蘇、曹、陳、程并作功成不名有；司馬成下有而字。衣被，陸衣於既切；《纂微》、蘇、曹、陳、程并作愛養。故常無欲，可名於小矣，《纂微》、蘇、曹并上無故字，下無矣字；程只無矣字；陳作可名爲小。萬物歸焉而不知主，《纂微》、蘇、曹、陳、程并作萬物歸之不爲主。可名於大矣，《纂微》、蘇、曹、程并無矣字；陳作可名爲大。終不爲大，五注、達真、黄、邵并作能成其大也，以其不自大；葉無成字，餘同。

執大象章第三十五

河上本作仁德。樂與餌，陸樂音嶽，餌而志切。過，陸古卧切。道之出言，陸出尺類切；《纂微》、司馬、蘇、陳、清源、黄、程言并作口。

將欲歙之章第三十六

河上本作微明。歙，王弼作㱃；簡文作歙，又作給；河上作噏，許及切；黄作翕。柔之勝剛弱之勝强，蘇無二之字；《纂微》、司馬、曹、陳并作柔弱勝剛强。不可以示人，陳無以字。

道常無爲章第三十七

河上本作爲政。鎮以，《纂微》、司馬、蘇、五注、曹、達真、陳、葉、黄、程并鎮下有之字。亦將不欲，陸、王弼作夫亦將無欲；簡文作不。不欲以静，司馬不作無。天下將自正，五注上有四字。

上德不德章第三十八

河上本作論德。上德無爲而無以爲，葉下無字作非。應，陸應對如字。攘臂而仍之，陸攘若羊切，臂必寐切，仍作扔，人證切，又音仍。夫禮者，程無夫字。而亂之首也，《纂微》、蘇、曹、陳并無也字。而愚之始也，《纂微》、蘇、曹、陳并無也字。

昔之得一章第三十九

河上本作法本。侯王得一以爲天下貞，程無以字，諸本貞多作正，蓋避廟諱也。其致之一也，蘇、曹、陳本并無下二字。侯王無以爲貞而貴高將恐蹷，五注無爲字；《纂微》、司馬、蘇、曹、陳并無爲貞而三字；程貞上有天下字，無而貴高三字；陸蹷作蹶，蹇月切，其月切，按《廣韻》，蹶，失脚也，僵也，亦作蹷。故貴以賤爲本，高以下爲基，司馬以上并有必字。自稱孤寡不穀，《纂微》、司馬、蘇、曹、陳并稱作謂。此其以賤爲本邪非乎，程邪上有非字，無下二字。數譽無譽，陸數色主切，譽逸注切，毀譽也；司馬、蘇、曹、陳、程并作數轝無轝；李同黄，轝作車。琭琭，陸音禄；《纂微》云，古作録録如玉。落落，陸作珞，音洛，又音歷；《纂微》云，古作落落若石。

反者道之動章第四十

河上本作去用。

上士聞道章第四十一

河上本作同異。故建言，《纂微》、蘇、曹、陳、葉、程并無故字。昧，陸梅對切；李莫佩切，昏昧也。纇，陸雷對切；河上作類。進退若道，《纂微》、司馬、蘇、曹、陳、黄、程此句作并在夷道若纇上。質真若渝，李渝羊朱切，變也；司馬真作直。貸，李吐代切。

道生一章第四十二

河上本作道化。而王公以爲稱，清源公下有自字。故物或損之而益，蘇無故字。益之而損，蘇上有或字。亦我義教之，司馬無義字；邵作我亦義教之。强，李平聲，剛暴之稱。父，李如字，祖也，本也。

天下之至柔章第四十三

河上本作偏用。馳騁天下之至堅，陸騁敕領切；葉無騁字；達真堅作剛。無有入於無間，李間去聲，言道體混然，曾無間隙。是以知無爲之有益也，《纂微》、司馬、蘇、曹、陳并上有吾字，下無也字；葉只無也字。希及之矣《纂微》、司馬、蘇、曹、陳、葉、清源無矣字。

名與身章第四十四

河上本作立戒。是故甚愛必大費，程無是故二字。

大成若缺章第四十五

河上本作洪德。缺，陸窺悦切。敝，陸婢世切。屈，陸丘物切；訥，陸怒忽切。

天下有道章第四十六

河上本作儉欲。却走馬以糞，陸糞弗問切；李却與郤同；朱文公糞下糞車字，謂以走馬載糞車也，頃在江西見有所謂糞車者，方曉此。故知足之足，司馬無之足二字。

不出户章第四十七

河上本作鑒遠。窺牖，陸窺起規切。

爲學日益章第四十八

河上本作忘知。損之又損，《纂微》、司馬、曹、達真下并有之字。以至於無爲，邵無於字。而無不爲矣，《纂微》、司馬、蘇、五注、曹、達真、陳、葉、黄、程、邵并上有無爲字；《纂微》、蘇、曹、達真、陳、葉、清源并無矣字。故取天下者，《纂微》、蘇、曹、達真并作取天下；程無故字。

聖人無常心章第四十九

河上本作任德。善者吾善之，五注吾下有亦字。德善矣德信矣，《纂微》、蘇、曹并無二矣字；司馬、五注、達真德并作得。聖人之在天下，《纂微》、司馬、曹、陳并無之字。惵惵，李圖協切；陸、王弼作歙歙，許及切；一本作惵惵；河上作惔；簡文作怵；司馬下有焉字。歙歙固無義，惵惵亦無理，愚意惵惵當作惵惵，危懼貌，蓋字之訛也。渾心，陸渾胡本切；《纂微》、司馬、蘇、曹、達真、陳、葉、清源、黃并作渾其心。百姓皆注其耳目，司馬下有焉字；陳無其字。孩之，陸、王弼孩作咳，胡來切，本或作孩。

出生入死章第五十

河上本作貴生。民之生，《纂微》、司馬、蘇、曹、達真、陳、清源、黃、程并民作人。動之死地亦十有三，《纂微》、司馬、蘇、曹、陳無亦字；程動下有而字。兕，陸徐履切；李音似，牛青色，一角以其無死地，葉上有也字；五注、達真、清源、黃、程下有焉字。

道生之章第五十一

河上本作養德。是以萬物莫不尊道而貴德，程是以作故無而字。莫之爵，《纂微》、司馬、蘇、五注、曹、達真、陳、黄、程并上有夫字。

天下有始章第五十二

河上本作歸元。歿身，《纂微》、司馬、蘇歿并作没。塞其兑，李塞蘇則切，兑徒外切，《易》云，兑説也，愛悦也，言六根染著。閉其門，李博計切，杜絶也，門禍患之門。見小曰，陸上賢遍切，下音越。襲常，葉常作裳。

使我介然章第五十三

河上本作益證。清源本作使我介然有知章。施，李平聲。而民好徑，陸好呼報切，徑經定切；《纂微》、司馬、蘇、達真、陳并作民甚好徑。朝，陸直遥切。厭，陸於艷切。資財有餘，《纂微》、司馬、曹、陳、程作財貨有餘；蘇資作貨。盜誇，陸誇口花切；《纂微》、蘇、程誇作夸；邵盜作道，非。非道也哉，李如字，興嘆之辭，非助語；司馬上有盜誇字。

善建不拔章第五十四

河上本作修觀。清源本作善建者不拔章。子孫以祭祀不輟，陸輟張劣切；《纂微》、司馬、蘇、曹、達真、陳并無以字。故以身觀身，程無故字。

含德之厚章第五十五

河上本作玄符。含德之厚，司馬下有者字。比於赤子，達真於作于。螫，陸失亦切，又呼各切。攫，陸俱縛切。搏，陸音博。握固，陸握於學切；葉作搱。牝牡，陸上頻忍切，下牟后切。峻，陸作全如字；河上作峻，子和切，一作朘，《説文》子和切，又子壘切，赤子陰也，又子垂切。精之至也，《纂微》、蘇、曹無也字。終日號而嗌不嗄，和之至也，陸號户毛切，嗄一邁切，氣逆也，又於介切；李嗄所嫁切；《纂微》、司馬、蘇、曹、達真、陳并無嗌字；内《纂微》、蘇、曹陳下無也字，嗌音益，咽也；《釋文》喉也；林嗌，又一計切；黄古本無嗌字，而嗌不嗄，莊子之文也，後人乃增於老子之書，今不取。

知者不言章第五十六

河上本作玄德。不可得而親，《纂微》、司馬、蘇、曹、陳、程上有故字。不可得而疏，不可得而害，不可得而賤，司馬上并有亦字。

以正治國章第五十七

河上本作淳風。以正治國，《纂微》、曹、陳正作政。以無事取天下，達真事作爲。吾何以知其然哉，《纂微》、曹、達真、黄下并有以此字。夫天下多忌諱，《纂微》、蘇、曹、達真、陳、葉、黄無夫字。人多利器，司馬、蘇、黄人作民。人多伎巧，司馬、五注、達真、葉人并作民；五注、達真伎作利。滋彰，蘇、曹彰作章。

其政悶悶章第五十八

河上本作順化。悶悶，李莫奔切，悶悶，無心寬裕之稱，悶若如字，則於義亦通，與韻不協，故不。民之迷也，《纂微》、蘇、五注、曹、達真、陳、葉、清源、黄、邵并無也字。其日固已久矣，《纂微》、司馬、蘇、曹、陳并作其日固久；清源已作以字。劌，陸居衛切；河上作害傷也；《纂微》、曹、陳劌作穢。

治人事天章第五十九

河上本作守道。莫若嗇，陸嗇生力切；李音色；《纂微》、司馬、蘇、曹、陳、葉如并作若。是以，《纂微》、司馬、蘇、曹、陳以并作謂。早復，《纂微》、蘇、曹、陳復并作服。

則莫知其極莫知其極黄無下四字。柢，陸丁計切，亦作蔕；《纂微》、司馬、蘇、五注、曹、達真、陳、清源、黄并作蔕。

治大國章第六十

河上本作居位。若烹小鮮，陸烹普庚切，不當加火，鮮音仙；程若作如；《纂微》烹作亨。以道莅天下者，陸莅力至切；《纂微》、司馬、蘇、曹、陳并無者字。不傷民，司馬、蘇、五注、達真、葉、清源、黄、程、邵三句民字并作人。

大國者下流章第六十一

河上本作謙德。下流，林下上聲。天下之牝，牝常以静勝牡，以静爲下，陸牝頻忍切；李頻忍切，雌静也，牡莫后切，雄動也，常被静勝之；《纂微》、曹、達真、陳作天下之交牝；司馬以静爲下作以其静爲之下；林下上聲。以下，陸下遐嫁切；李大國以下下音同上，自上而下也。小國以下下如字，本在物下。取，陸七揄切，又七諭切。過，陸古禾切，又古卧切，下同。宜爲下，程爲下有之字。

道者萬物之奥章第六十二

河上本作爲道。萬物之奥也，陸奥於六切，暖也；河上烏報切；李烏報切，言道體無外而萬物資給於奥中；《纂微》、蘇、曹、陳、清源、程并無也字。善人之寳，司馬、程寳上有所字。可以市，李句美言者人悦之，如市賈售物。尊行可以加於人，陸行下孟切；《纂微》、司馬、蘇、曹、陳并無於字。以先，陸先悉薦切。古之所以貴此道者，何也，《纂微》、司馬、蘇、曹、達真并無也字；陳無何也字。不曰，陸曰于月切；《纂微》、曹、陳作日。邪，李以遮切，疑問之辭，亦作耶。

爲無爲章第六十三

河上本作恩始。天下之難事天下之大事，《纂微》、司馬、蘇、曹、達真并無之字。是以聖人由難之，《纂微》、清源、程由作猶；五注無難字。故終無難矣，《纂微》、蘇、曹、陳無矣字；葉作終以無難。

其安易持章第六十四

河上本作守微。其脆，陸脆七歲切；李危也，謂嗜欲未堅如物危脆。易泮，陸泮普半切；《纂微》、司馬、曹、陳并作破。豪，蘇、五注、曹、陳、達真、清源、黄、程、邵并作毫。累，陸劣被切；《纂微》作絫。故民之從事，《纂微》、司馬、蘇、曹、陳、葉、清源、程并無故字。則無敗事矣，《纂微》、司馬、蘇、曹、陳、程并無矣字；葉作則無事。以復衆人之所過，《纂微》、司馬、蘇、曹、達真、陳、程并無以字。

古之善爲道章第六十五

河上本作淳德。清源、黄本并作古之善爲道者章。亦楷式，陸、王弼楷作楷；嚴、河上作楷；李楷口駭切，模也；司馬下有也字。常知，蘇、五注、達真、葉、清源、黄、程常并作能。然後乃至大順，司馬作乃復至於大順；葉無至字。

江海爲百谷王章第六十六

河上本作後己。善下之，陸下遐嫁切；五注、達真、黄、程、邵下并有也字。是以聖人處上，《纂微》、司馬、蘇、曹、陳、葉并無聖人字；邵以作故。是以天下，邵是作所。莫能與之争，葉無能字。

天下皆謂章第六十七

河上本作三寶。清源本作天下皆謂我道大章。似不肖，李肖私妙切。夫惟大，故似不肖，李夫音扶，下同；清源無此七字。寶而持之，《纂微》、司馬、蘇、曹、陳、黄寶并作保。故能成器長，司馬能下有爲字；陳成下有其字。以戰則勝，五注戰作陳作正；邵勝亦作正。以慈衛之，葉上有必字。

善爲士章第六十八

河上本作配天。清源作善爲士者不武章。

用兵有言章第六十九

河上本作玄用。行無行，陸下户剛切；李并如字，行，行師也，行師應敵而不强争，與無行同；林下行作尸剛切。攘，陸若羊切。仍無敵，陸、王弼仍作扔，音仍。輕敵幾喪，陸幾音祁，一音機；《纂微》、司馬、五注、曹、陳、達真、邵并敵下有則字；蘇、葉、黄敵下并有者字。故抗兵相加則哀者勝矣，《纂微》、司馬、蘇、曹、陳并無則字；程無故字。

吾言甚易知章第七十

河上本作知難。天下莫能知，五注、達真、葉、清源、黄上有而字。易，陸以豉切。夫惟，李上音扶，嘆世人無了悟之知；《纂微》、司馬惟作唯。是以不吾知也，《纂微》、司馬、蘇、曹、陳、葉、程并吾作我，無也字。知我者稀則我貴矣，稀，司馬、蘇、曹、陳、黄、程并作希；蘇、曹、陳、葉、程并作則我者貴。被褐，陸上音備，下户葛切；五注、達真、林被并作披。

知不知章第七十一

河上本作知病。曹本作知不知上章。尚矣，《纂微》、司馬、蘇、曹、陳、葉、程并作上，無矣字；達真只無矣字。病矣，《纂微》、司馬、蘇、曹、陳、達真、葉、程并無矣字。聖人之不病，李法性本空，以其能病，世人强知之病，是以病病，體用雙泯，藥病兼忘，本無知法，是以不病；《纂微》、蘇、曹、陳并無之字。

民不畏威章第七十二

河上本作愛己。則大威至矣，《纂微》、司馬、蘇、曹、陳、葉并無矣字。無狹其所居，陸、王弼狹作狎，户甲切；《廣韻》狹音峽；《纂微》狹作狎；司馬居作安。夫惟不厭，陸厭於艷切；李棄也；《纂微》惟作唯。見，陸賢遍切；李顯也。故去，陸去羌吕切。

勇於敢則殺章第七十三

河上本作任爲。蘇、五注、黄本并作勇於敢章。此兩者，《纂微》、司馬、曹、陳上有知字；蘇無此字。惡，陸与路切。猶難，陸難乃旦切；李平聲；蘇猶作尤；邵猶作由。坦然，陸坦吐但切，平大貌；河上一本作墠，墠，寬也；《纂微》坦作默；司馬、蘇、曹、陳、葉、程并作繟，音闡。恢恢，陸苦回切。

民常不畏章第七十四

河上本作制惑。蘇本作民不畏死章。清源、黄、程本并作民常不畏死。若使民，司馬、蘇、曹、陳民作人。奇，李如字。吾豈執而殺之孰敢，司馬孰上有夫字，下有也字；《纂微》、司馬、蘇、五注、曹、陳、達真、葉、清源、黄、程、邵豈并作得。而代司殺者殺，《纂微》、曹而并作夫，無殺字；司馬、蘇、葉、黄、程只而作夫；五注只下無殺字；陳上無而字，下無殺字。是代大匠斲，陸斲陟角切；《纂微》、司馬、曹、陳、黄是下有謂字。夫代大匠斲，葉無夫字；司馬下有者字。希有不傷其手矣，司馬作希不自傷其手矣；五注無矣字。

民之饑章第七十五

河上本作貪損。饑，《纂微》、司馬、蘇、五注、曹、陳、達真、葉并作飢；《廣韻》饑居依切，穀不熟也，飢居夷切，餓也，恐合作飢。以其上食税之多也，《纂微》、司馬、蘇、曹、陳、葉并無也字。民之難治以其上之有爲也是以難治，《纂微》、司馬、蘇、曹、陳、葉并無也字；五注無此十五字。人之輕死，《纂微》、司馬、清源、程人作民。以其生生之厚也，《纂微》、司馬、曹、陳并作求生，下無也字；蘇、葉只無也字。唯無以生爲者，《纂微》、司馬、蘇、曹、陳、達真上有夫字。是賢於貴生也，《纂微》、司馬、曹、蘇、陳并無也字；葉是下有以字，也作夫。

人之生章第七十六

河上本作戒强。蘇、曹、黄本并作民之生章。清源本作人之生死也柔弱章。人之

生。司馬、蘇、曹、陳、葉人并作民。其死也堅强，陸强其兩切，舊其良切；葉無也字。草木之生也柔脆，陸脆七歲切；《纂微》、司馬、蘇、曹、陳并上有萬物字無之字，程無也字；蘇、葉脆并作弱。死之徒也生之徒也，《纂微》、司馬、蘇、五注、曹、陳、葉、清源并無也字。共，音拱；黄共作折。故堅强居下，清源無故字；黄居作處；《纂微》、司馬、蘇、曹、陳、葉、程并作强大處下。

天之道章第七十七

河上本作天道。其猶張弓乎，邵猶作由。補之，《纂微》、司馬、曹、陳補并作與。孰能損有餘而奉不足於天下者，其唯道乎，《纂微》、司馬、蘇、曹、陳、葉、程并作孰能以有餘奉天下，唯有道者。功成不居，《纂微》、司馬、蘇、曹、陳并居作處。見賢耶，李見如字；《纂微》、曹、陳無耶字；葉賢上有其字。

天下柔弱章第七十八

河上本任信。清源本作天下莫柔弱於水章。天下莫柔弱於水，《纂微》、司馬、蘇、曹、陳并作天下柔弱莫過於水；葉同上又作莫勝於水；陳同上以柔之至。莫之能先，

《纂微》、司馬、蘇、曹、陳、葉先并作勝。以其無以易之也，李易如字，移也，改也；《纂微》、蘇、曹、陳并上無以字，下無也字；葉同上又無其字。柔之勝剛弱之勝强，《纂微》、司馬、蘇、曹并上有故字，無二之字；陳葉無二之字。天下莫不知而莫之能行，司馬、蘇、曹、陳、葉無而之二字。聖人言，司馬作聖人之言云。受國之不祥，《纂微》、司馬、蘇、曹、葉、清源、黄、程并無之字。是爲，《纂微》、司馬、蘇、五注、曹、陳、達真、葉、清源、黄、程、邵并爲作謂。正言若反，司馬上有故字，下有也字。

和大怨章第七十九

河上本作任契。和大怨者，《纂微》、曹、陳、葉并無者字。必有餘怨，葉無必字。契，李若計切，心也，左爲陽，心屬陽，以其能合前境，故曰契。徹，李直列切，法也，通也。

小國寡民章第八十

河上本作獨立。使民有什伯之器，《纂微》、司馬、曹、陳并無民字。而不用也，《纂微》、司馬、蘇、曹、陳、葉、黄、程并無也字。使民重死而不遠徙，李徙斯民切；司馬遠徙作重復；蘇、葉無此一句。使民復結繩而用之，李繩食陵切，上古之政；清源上有故字。安其俗，《纂微》、司馬、蘇、曹、陳、黄俗并作居。樂其業，《纂微》、司馬、蘇、曹、陳、黄業并作俗。鄰國相望，林望一作平聲，與冠蓋相望同。聲，《纂微》、司馬、蘇、曹、陳、黄并作音。使民至，《纂微》、司馬、蘇、曹、陳并無使字。不相與往來，《纂微》、司馬、蘇、五注、曹、陳、達真、葉、清源、黄、程并無與字；黄、程上有而字。

信言不美章第八十一

河上本作顯質。無積，《纂微》、司馬、曹、陳無并作不。天之道，五注無之字。

道德真經集注雜說卷上

宋鶴林真逸彭耜纂集

太祖征太原，駐蹕鎮陽，聞道士蘇澄隱五代之際，屢聘不至，召見於行宮。澄隱時年八十，太祖問以養生，對曰：臣之養生，不過精思鍊炁爾，帝王則異於是，老子曰，我無爲而民自化，我無欲而民自樸，無爲無欲，凝神太和。昔黄帝唐堯，享國永年，得此道也。太祖説其言。

見《東都事略·隱逸傳》及《高道傳》

鴻濛子張無夢，字靈隱，好清虚，窮老易，入華山與劉海蟾、種放結方外友，事陳希夷先生，無夢多得微旨。久之，入天台山，真宗召對，問以長久之策，無夢曰：臣野人也，旦於山中嘗誦《老子》、《周易》而已，不知其他也。除著作佐郎，固辭，還山。賜金帛處士號，并不受。

見《高道傳》

碧虛子陳景元，師事張鴻濛，嘗著《道德經藏室纂微篇》，蓋采摭古諸家注疏之精微，而參以其師傳授之秘集而成書。熙寧中，因召見進呈，御筆獎諭，又有所注《南華經章句音義》，凡二十餘卷，今并入藏。

見《碧虛子傳》并《纂微篇·序》（《道藏目録》）

廣川董逌《藏書志》云：唐玄宗既注老子，始改定章句爲《道德經》，凡言道者，類之上卷；言德者，類之下卷。刻石渦口老子廟中。又云：唐道士張道相《集注道德經》七卷，凡三十家，其名存者：河上公、節解、嚴遵、王弼、何晏、郭象、鍾會、孫登、羊祜、鳩摩羅什、盧景裕、劉仁會、顧懽、陶弘景、松靈、裴處思、杜弼、張憑、張嗣、臧玄静、孟安期、孟智周、竇略、宋文明、褚柔、劉進喜、蔡子晃、成玄英、車惠弼，今考之新舊《唐書藝文志》，則又有毋丘望之湘逸其姓、程韶、王尚、蜀才、袁真、釋惠嚴、惠琳、義盈、梁曠、樹鍾山、傅奕、楊上善、李允愿、陳嗣古、任真子、馮郭、玄景先生、楊上器、韓杜、梁武帝、梁簡文帝、賈大隱、辟閭仁諝、劉仲融、王肅、戴詵、玄宗、盧藏用、邢南和、馮朝隱、白履忠、李播、尹知章、陸德明、陳庭玉、陸希聲、吴善經、孫思邈、李含光四十家。而道相所集，郭象、劉仁會、松靈、裴處思、杜弼、張嗣、臧玄静、竇略、宋文明、褚柔、劉進喜、蔡子晃、車惠弼此十四家不著於志。按志稱，道相《集注》四卷，而董所收乃有七卷，恐後人之所增也。我朝崇寧中，再校定《道藏》經典，此書《藏》中已不復見，其餘諸家僅存玄宗、河上公、嚴遵、陸希聲四注，及傅奕所傳古本《道德經》耳。外李約、李榮、賈清夷各有注説，王、顧等奉玄宗命撰所注經疏，杜光庭又從而爲廣聖義，亦皆唐人，并見藏室，始知志所著録，猶有未盡，惜乎，名存而書亡者十蓋八九也。

唐相陸希聲著《道德經傳》四卷，其序略云：夫老氏之術，道以爲體，名以爲用，無爲無不爲，而格于皇極者也。楊朱宗老氏之體，失於不及，以至於貴身賤物；莊周述老氏之用，失於太過，故欲絶聖棄智；申韓失老氏之名，而弊於苛繳刻急；王、何失老氏之道，而流於虚無放誕，此六子者，皆老氏之罪人也。乃爲述傳以暢宗旨。又云：昔伏羲氏畫八卦，象萬物，窮性命之理，順道德之和，老氏先天地，本陰陽，推性命之極，原道德之奥，此與伏羲同其原也。文王觀太易九六之動，貴剛尚變，而要之以中，老氏察太易七八之正，致柔守静，而統之以大，此與文王通其宗也。孔子祖述堯舜，憲章文武，導斯民以仁義之教，老氏擬議伏羲，彌綸黄帝，冒天下以道德之化，此與孔子合其權也，此三君子者，聖人之極也。老氏皆變而通之，反而合之，研至變之機，探至精之歸，斯可謂至神者矣。

唐兵部郎李約，勉之子也，注《道德經》四卷，其説謂世傳此書爲神仙虚無言，不知六經乃黄老之枝葉爾。

唐太宗謂傅奕曰：佛道玄妙，卿獨不悟其理，何也。奕曰：佛是胡中桀黠，初正西域，漸流中國，皆是模寫老莊玄言，文飾之耳。於百姓無補，於國家有害。太宗頗然之，臨終誡其子曰：老莊玄一之篇，周孔六經之説，是爲名教，汝宜習之，妖胡亂華，舉時皆惑，汝等勿學也。見《舊唐書》本傳

唐憲宗顧宰臣曰：神仙之事，信乎。李藩對曰：神仙之説，出於道家，道家所宗老子五千文爲本，老子指歸與經無異，後代好怪之流，假托老子神仙之説，故秦始皇、漢武

帝二主受惑，卒無所得。上深然之。見《舊唐書·憲宗紀》

仲長子光，字不曜，開皇末結庵河渚間，守令謁者，辭以痞。人有請道者，則書老易二字示之，文中子比之虞仲夷逸云。見王績《仲長先生傳》及文中子注

東皋子王績，字無功，兄通，隋末大儒也，有田在河渚間。仲長子光結廬北渚，績愛其真，徙與相近，常以《周易》、《老子》、《莊子》置床頭，他書罕讀也。見《新唐書·隱逸傳》

盧鴻一，字顥然，隱於嵩山，開元六年徵至東都，謁見不拜，宰相遣通事舍人問其故，奏曰：臣聞老君言，禮者忠信之薄，不足可依，山臣鴻一敢以忠信奉見。見《舊唐書·隱逸傳》

貞一先生司馬承禎，字子微，廬天台不出，睿宗命其兄承禕就起之，既至，引入中掖，廷問其術，對曰：爲道曰損，損之又損，以至於無爲。夫心目所知見，每損之尚不能已，況攻異端而增智慮哉。帝曰：治身則爾，治國若何。對曰：國猶身也，故游心於淡，合氣於漠，與物自然而無私焉，而天下治。帝嗟嘆曰：廣成之言也。開元中，再召至都，玄宗詔於王屋山，置壇室以居。善篆隸，帝命以三體寫老子，刊正文句。

見《新唐書·隱逸傳》《舊書》本傳云：玄宗令以三體寫老子經，因刊正文句，定著五千三百八十言爲真本以奏上之。

宗元先生吴筠，魯中之儒士也，入嵩山爲道士，久之游天台，玄宗遣使徵之。既至，問以道法，對曰：道法之精，無如五千言，其諸枝詞蔓説，徒費紙劄耳。

見《舊唐書·隱逸傳》《新書》本傳云：帝嘗問道，對曰：深於道者，無如老子五千文，其餘徒喪紙劄耳。復問神仙治煉法。對曰：此野人事，積歲月求之，非人主宜留意。與舊書少異，故并録之。

班固載老子鄰氏有傳，傅氏、徐氏、劉向皆有説，傅氏三十七篇，鄰氏四篇，徐氏六篇，劉向四篇，惜乎其書之亡久矣。今世所傳老子《道德經》或總爲上下二篇，或分八十一章，或七十二章河上公分八十一章以上經法天，天數奇，故有三十七章；下經法地，地數偶，故有四十四章；嚴遵乃以陰道八、陽道九以八行九故七十二章，上四十章，下三十二章，全與河上公不合本既各異，説亦不同，蓋莫得而攷也。

漢桓譚曰：昔老聃著虛無之言兩篇，後世好之者以爲過於五經。自漢文景之君及司馬遷，皆有是言。見《楊雄傳》

阮藉著《通老論》曰：道者，法自然而爲化，侯王能守之，萬物將自化。《易》謂之「太極」。《春秋》謂之「元」。老子謂之「道」。見《太平御覽》

王弼注《道德經》，以夫佳兵、民之飢二章，疑非老子所作。

何晏注《老子》未畢，見王弼自説注《老子》旨，何意多短，不復得作聲，但應諾。遂不復注，因作《道德論》。一説何平叔注《老子》始成，詣王輔嗣，見王注精奇，乃神伏曰：若斯人，可與論天人際矣。因以所注爲《道德》二論。《文章叙録》曰：自儒者論以老子非聖人，絶禮棄學，平叔説與聖人同，著論行於世。見《世説》并注

阮瞻，咸之子也，見司徒王戎。戎問曰：聖人貴名教，老莊明自然，其旨同異。瞻曰：將無同。戎咨嗟良久，即命辟之，時謂之三語掾。見《晉書》本傳，《世説》作阮修

陸元朗，字德明，以字行，補太學博士，高祖釋奠，已召博士徐文遠講《孝經》，沙門惠乘講《般若經》，道士劉進喜講《老子》。德明難此三人，各因宗指，隨端立義，衆皆爲

之屈。帝大喜曰：三人者誠辯，然德明一舉輒蔽，可謂賢矣。

見《新舊唐書·儒學傳》

開元初，詔中書令張説舉能治《易》《老》《莊》者，集賢直學士侯行果，薦會稽康子元，及平陽敬會真於説，説籍以聞，并得侍讀，俄并兼集賢侍講學士。始行果、會真及長樂馮朝隱同進講，朝隱能推索老莊秘義，會真亦善老子，每啓篇先熏盥乃讀。

見《新唐書·儒學傳》

張薦明少以儒學游河朔，後去爲道士，通老子莊周之説，晋高祖召見，問道家可以治國乎，對曰：道也者，妙萬物而爲言，得其極者，尸居衽席之間，可以治天下。高祖大其言，延入内殿，講《道德經》，拜以爲師，賜號通玄先生。後不知所終。

見《五代史·一行傳》

太宗聞汴水輦運卒有私質市者，謂侍臣曰：幸門如鼠穴，何可塞之，但去其尤者可矣。篙工楫師苟有販鬻，但無妨公，不必究問。糞官物之入，無至損折可矣。呂蒙正曰：水至清則無魚，人至察則無徒，小人情僞，在君子豈不知之，若以大度兼容，則萬事兼濟。曹參不擾獄市者，以其兼受善惡。窮之則奸慝無所容，謹勿擾也。聖言所發正合黄老之道。見《國朝事實》

了齋陳忠肅公瓘嘗著書二十餘篇，曰《昭語》，其序略云：玉清昭應宫使王曾請校三館道經，上因言其書不如老氏五千言清静而簡約。張知白曰：陛下留意于此，乃治國無爲之術，臣伏讀神考聖訓曰，漢之文景，唐之太宗，孔子所謂吾無間然者。臣因考三君之行事，知漢文之術得於老子，而仁祖之政多似漢文，今摭其説十數篇録于后。

漢文即位之始，先報平勃，後封宋昌，以有功於社稷爲先，以有德於我身爲後，此所謂後其身也，故天下莫得先焉。

老子曰後其身而身先

漢文每朝，郎從官上書疏，未嘗不止輦受其言，言不可用置之，言可用采之，未嘗不稱善。言之可用者稱善，不可用者亦稱善，此所謂善者吾善之，不善者吾亦善之，故德善也。

漢文初登虎圈，嗇夫口對無窮，拜爲上林令。釋之曰：周勃、張相如，陛下稱爲長者，此兩人言事曾不出口，豈效此嗇夫喋喋利口捷給哉。且秦以任刀筆之吏，争以亟疾苛察相高，其弊徒文具而無實，不聞其過，陵遲至於敗亂，今以嗇夫口辯而超遷之，臣恐天下隨風而靡，争爲口辯而無其實。夫下之化上，疾於影響，舉錯不可不審也。帝曰：善，乃不拜嗇夫。蓋知辯者不善，而多言之數窮也

老子曰知者不言言者不知又曰善者不辯辯者不善又曰多言數窮不如守中

漢文詔曰：朝有誹謗之木，所以通治道而來諫也，今法有誹謗妖言之罪，是使衆臣不敢盡情而上無由聞過也，其除之。故賈誼上書至於引廟謚爲言，而文帝嘉納，可謂無

忌諱矣。民之所以富庶而不貧，其以此乎。老子曰天下多忌諱而民彌貧

孝文爲尉它親冢在真定者置守邑，歲時奉祀，召其昆弟尊官厚賜以寵之，尉它於是下令國中，奉詔改號，不敢爲帝，此即强之弱之，與之奪之，在我而已矣。吴王詐病不朝，賜以几杖，張武等受賂，更加賞賜，以愧其心。蓋亦取諸此也。老子曰將欲歙之必固張之將欲弱之必固强之將欲廢之必固興之將欲奪之必固與之

袁盎却慎夫人坐，文帝改怒爲喜，厚賞袁盎，可謂自勝而不自是矣。德之所以彰而國之所以强也。老子曰不自是故彰又曰自勝者强

文帝納賈誼譏切之言，養臣下以節，不辱大臣，於是堂陛愈高，而基本愈固。《易》曰：以貴下賤，大得民也，何以異乎此哉。老子曰貴以賤爲本高以下爲基臣嘗謂自三代以

降，善治天下者，無如孝文，然其術出於老子，故仁祖於老氏也取其簡約而神，考之於漢文也，謂無間然。蓋老異於孔，而其本則同，漢劣於周，而善亦可取，此二聖之所以垂訓也。仁祖皇祐四年謂輔臣曰：朕臨御以來，命參知政事多矣，其間忠純可紀者，蔡齊、魯宗道、薛奎而已，宰相王曾、張知白皆履行忠謹，雖時有小失而終無大過。李迪亦樸忠自守，第言多輕發耳。龐籍對曰：才難自古然也。上復曰：朕記其大，不記其小。臣三復聖訓，因考王曾、知白之所以見重於仁祖者，蓋能以清静之術，助無爲之化，所謂大而可紀者，其在兹乎。

審刑院斷絶公案，仁宗喜曰：天下至廣而斷刑若此，有以知刑訟之簡，有司無稽遲也。乃下詔獎法官，而付其事于史官。臣竊見元豐中開封府獄空，神考大喜，擢知府王安禮爲右丞，下至胥吏，悉獲賚賞，自是内外有司，皆以獄空爲悦。蓋仁祖以訟簡賞法官而神考以獄空擢府尹，所以示仁民之意一也。老子曰：民常不畏死，奈何以死懼之。若使民常畏死而爲奇者，吾得執而殺之，孰敢。祖宗不以刑威懼民，蓋有得於老氏。講《詩》至《匪風》曰：誰能烹魚，溉之釜鬵。上曰：老子謂，治大國若烹小鮮，其義類此。

侍讀丁度對曰：烹魚煩則碎，治民煩則散，非聖學之深，何以見古人求治之意。臣曰：古之聖君當大有爲之時，或創業或革弊，不免有所煩也。仁祖以清静無爲之道持盈守成，四十二年終始如一，蓋得烹鮮之説而躬行之耳。臣故曰：漢文之術出於老子，而仁祖之治多似漢文，神考謂漢文吾無間然，則紹述之意可知也。

韓絳言，林獻可遺其子以書抵臣，多斥中外大臣過失，臣不敢不以聞。上曰：朕不欲留中，恐聞陰訐之路，可持歸焚之。臣曰：老子云，俗人昭昭，我獨若昏，俗人察察，我獨悶悶。又曰，其政悶悶，其民淳淳，其政察察，其民缺缺。韓絳以獻可之言聞于上，一白一黑，何其昭昭也。仁祖恐開陰訐之路，拒而不受，聖人之慮深矣遠矣。昏昏然不可見，悶悶然不可識，此聖人之所以爲聖人而其民之所以淳淳也。

通判并州司馬光上疏，請於宗室中擇人攝居儲貳。臣曰：唐中葉以來，人主惡聞立嗣，以爲不祥之語，故天下之士於國家安危之本，不敢正言，司馬光以疏遠之臣，言此而不隱，仁祖春秋高矣，受此言而不諱。老子曰，受國不祥，是爲天下王。仁祖有之。

又曰，信言不美。司馬光有之。

陳忠肅公曰：老子言天下神器不可爲也，爲者敗之。又言治大國若烹小鮮。夫烹魚者，無所事於煩之也，制水火之齊以熟之而已，舜無爲而治，其不以此歟。又曰，武帝黜黄老而用儒術，未嘗不本於仁義，而觀其實效，則不異於始皇者幾希。當此之時，天下不一日而無事，思慕文景不得復得，然則黄老亦何負於天下哉。又曰，疏廣謂受曰：知足不辱，知止不殆。宦成名立而不去，懼有後悔，於是父子相隨移病而歸，當時賢之，後世追誦，然其知止之意，發於老氏。

并見《了齋集》

歐陽文忠公修曰：前後之相隨，長短之相形，推而廣之，萬物之理皆然也。然老子爲書，其言雖若虚無，而於治人之術至矣。又曰：道家者流，本清虚，去健羡，泊然自守，故曰，我無爲而民自化，我好静而民自正，雖聖人南面之治，不可易也。

并見《本集》

潁濱蘇文定公曰：得姪邁等所編先公手澤，其一曰：昨日子由寄《老子新解》，讀之不盡卷，廢卷而嘆，使戰國有此書，則孔老爲一。使晋宋間有此書，則佛老不爲二。不意老年見此奇特，然後知此書當子瞻意。見《道德經解》後序又曰，孔子以仁義禮樂治天下，老子絶而棄之，或者以爲不同。《易》曰：形而上者謂之道，形而下者謂之器。孔子之慮後世也深，故示人以器而晦其道，使中人以下守其器而不爲道之所眩，以不失爲君子，而中人以上自是而上達也。老子則不然，志於明道而急於開人心，故示人以道而薄於器，以爲學者惟器之知，則道隱矣。故絶仁義棄禮樂以明道。二聖人者，皆不得已也，合於此必略於彼矣。見《經注》又曰，韓非明老子而以刑名游説諸侯，李斯師孫卿而以詐力事秦，至於焚詩書，殺儒士，其終皆陷於大戮，原其所學，皆本於聖人，而其所施設則鄉黨之士所不忍爲，夫豈其所學有以致之歟。蓋老子、孫卿其教之善，雖弊不至於敗亂天下，然則二子之學，其所以失之而至此者何也，學之不詳，毫厘之差或致千里。見《欒城集》

陸陶山農師曰：自秦以來，性命之學不講於世，而道德之裂久矣。世之學者不幸蔽於不該不偏一曲之書，而日汨於傳注之卑，以自失其性命之情，不復知天地之大醇，古人之大體也。予深悲之，以爲道德者，關尹之所以誠心而問，老子之所以誠意而言，精微之義，要妙之理，多有之，而可以啓學之蔽，使之復性命之情。不幸亂於傳注之卑，千有餘年尚昧，故爲作傳，以發其既昧之意，雖然，聖人之在下多矣，其著書以道德之意，非獨老子也。蓋約而爲老子，詳而爲列子，又其詳爲莊子，故予之解述列莊之詳，合而論之，庶幾不失道德之意。

見《經注》

延平先生羅從彦仲素曰：老子之書，孔子未嘗譽，亦未嘗毁，蓋以謂譽之則後世之士溺其和光同塵之説，而流入於不羈，毁之則清静爲天下正之論其可毁乎，既不譽又不毁，其可不略言，故止謂竊比於我老彭。

見《羅先生語録》

或問龜山楊文靖公時曰：説者謂老彭乃老氏與彭籛，非謂彭之壽，而謂之老彭也，然老氏之書果述而不作，信而好古乎。答曰：老氏以自然爲宗，謂之不作可也。見《龜山集》龜山曰私意去盡，然後可以應世。老子曰公乃王 見《語録》

滎陽吕公希哲嘗大書治人事天莫若嗇於前坐壁上，云：修養家以此爲養生要術，然事事保謹，常令有餘，持身保家安邦之道，不越於此，不止養生也。見《吕氏雜録》

王子韶聖美言：莊子不能窺測列子，列子不能窺測老子。滎陽公答云：莊子而不能窺測列子，則孰能窺測列子，列子而不能窺測老子，則孰能窺測老子。故善窺測列子者，莫如莊子。善窺測老子者，莫如列子。見吕氏《師友雜志》

司馬温公與王介甫書云：光昔者從介甫游，介甫於諸書無不觀，而特好孟子與老子之言，今得君得位而行其道，是宜先其所美，必不先其所不美也。孟子曰，仁義而已矣，何必曰利。又曰，爲民父母，使民盻盻然將終歲勤動，不得以養其父母，又稱貸而益之惡在其爲民父母也。今介甫爲政，首建制置條例司，大講財利之事，又命薛向行均輸法於江淮，欲盡奪商賈之利，又分遣使者散青苗錢於天下，而收其息，使人愁痛父子不相見，兄弟妻子離散，此豈孟子之志乎。老子曰，天下神器，不可爲也，爲者敗之，執者失之。又曰，我無爲而民自化，我好静而民自正，我無事而民自富，我無欲而民自樸。又曰，治大國若烹小鮮，今介甫爲政，盡變更祖宗舊法，先者後之，上者下之，右者左之，左者右之，成者毁之，矻矻焉窮日力繼之以夜，而不得息，使上自朝廷，下及田野，無一人得襲故而守常者，紛紛擾擾莫安其居，此豈老氏之志乎。温公自號迂叟，嘗著書曰《迂書》内老釋一章云：或問老釋有取乎，迂叟曰，有。或曰，何取。曰，釋取其空，老取其無爲自然。又云學黄老者，以心如死灰，形如槁木爲無爲。迂叟以爲不然，作《無爲贊》：治心以正，保躬以静，進退有義，得失有命，守道在己，成功則天，夫復何爲，莫非自然。

并見温公《傳家集》

李衛公德裕諫敬宗搜訪道士疏曰：臣聞道之高者，莫若廣成玄元，人之聖者莫若軒皇孔子。昔軒皇問廣成子：理身之要。廣成子云：無視無聽，抱神以静，形將自正，神將自清，無勞子形，無摇子精，乃可長生。又云，得吾道者，上爲皇，下爲王。玄元語孔子云：去子之驕氣與多慾，態色與淫志，是皆無益於子之身，吾所告子者是已。故軒皇發謂天之嘆，孔子興猶龍之感。前聖於道不其至乎。若使廣成、玄元混迹而至語陛下之道，以臣度思，無出於此。見《李文饒集》

香山白文公居易曰：夫欲使人情儉樸，時俗清和，莫先於體黄老之道也。其道在乎尚寬簡、務儉素，不眩聰察，不役智能而已。蓋善用之者，雖一邑一郡一國，至于天下皆可以致清静之理焉。昔宓賤得之，故不下堂而單父之仁化，汲黯得之故不出閤而東海之政成，曹參得之故獄市勿擾、齊國大和，漢文得之故刑罰不用而天下大理。其故無他，清静之所致耳。見《白氏長慶集》

東坡蘇文忠公軾奉詔撰《上清儲祥宫碑》云：臣謹按，道家者流，本出於黄帝老子，其道以清静無爲爲宗，以虚明應物爲用，以慈儉不争爲行，合於《易》何思何慮，《論語》仁者静壽之説。自秦漢以來，始用方士言，乃有飛仙變化之術，黄庭大洞之法，太上天真木公金母之號，天皇太乙紫微北極之祀，下至於丹藥奇技，符籙小數，皆歸於道家，嘗竊論之黄帝老子之道本也，方士之言末也。又《蓋公堂記》云：曹參爲齊相，聞膠西蓋公善治黄老言，使人請之，用其言而齊大治。其後以其所以治齊者，治天下。天下至今稱賢焉。吾爲膠西守知公之爲邦人也，求其墳墓子孫而不可得，慨然懷之師其言，想見其爲人。夫曹參爲漢宗臣而蓋公爲之師可謂盛矣。而史不記其所終。豈非古之至人得道而不死者歟。并見本集

眉山唐庚子西曰：世疑老子西游，以謂有慈有儉有不爲天下先，持是道以游於世，何所不容。而猶有所去就邪。是大不然。惟其無往而不容，則雖蠻貊之邦，行矣，此所

以爲老氏。見《眉山集》

張右史耒《老子義》曰：夫人之生，不殺之於衽席飲食之疾病，則殺之盜賊刑戮者過半矣。則人之於死，實未嘗知畏也。而世之馭物者，而欲物之畏，不過示之以死，亦惑矣。故曰：民不畏死，奈何以死懼之，苟畏死邪，則吾取爲奇者而殺之，宜民之不復爲奇也，天下未嘗無刑，而爲奇者不止，則死之不足以懼物也明矣。故曰：若使人畏死而爲奇者，吾得執而殺之，孰敢也。夫物不患無殺之者也，萬物泯泯，必歸於滅盡而後止。則常有司殺者殺矣。竊司殺者之常理，而移之以行其畏，非徒不足以懼物，而亦有所不及者也。故曰：常有司殺者殺，夫代有司殺，是代大匠斲，希有不傷其手矣。然則操政刑死生之柄，驅一世之民使從之，殆非也，又曰惟其無私邪，故能成其私。而惟私之求，則天下去之。夫惟公以得天下之情者，天下之所歸也。天下之所歸，而有不能得其所欲者乎。又送固始山人張堅序曰：至柔教余以養性之妙，其言曰大道甚簡，守心而已。守心無他，守一而已，靜一之極則玄通四達，真氣應之，兹非意之所能測，言之所能盡，惟得者知之，真氣來降，則百疾除而永年矣，老子曰虚其心，實其腹；，弱其志，强其骨。心虚志弱而腹自實骨自强矣。是道也，智者得之而爲止觀，司馬子微得之而爲坐忘，皆一道也。此皆真人修身之要而今人忽之，乃苦其形骸妄想變怪，吞餌金石，去道遠矣。

見本集

王無咎補之嘗解老子道經四章，今取其二篇，其一云：聖人處無爲之事，行不言之教，彼無心於爲與言者，順萬物性命之理而已，則萬物之作也，吾亦與之作而不辭；萬物之生也，吾亦與之生而不有；，萬物之爲也，吾亦與之爲而不恃；，萬物之成也，吾亦與之成而不居。蓋其作也生也，爲也成也，皆順性命自然之理，因物與時而非我也，則吾亦何必辭，何必有，何必恃，何必居，故曰萬物并作而不辭，生而不有，爲而不恃，功成而不居，作然後生，生然後爲，爲然後成，此其序也。又云，老子專惡夫多言，何也。老氏之所明者，道也，道常無言，然而常有言者，迫不得已也，以其迫不得已也，故可以言以其常，無言也。故言之少者，去道爲尤近；，而言之多者，去道爲尤遠。故專惡夫多言也。

見本集

淮海秦觀曰：班固贊司馬遷以爲是非頗謬於聖人，論大道則先黄老而後六經，孰謂遷之高才博洽，而至於是乎。以臣觀之不然，彼實有見而發耳。孟子曰：仁者人也，合而言之，道也。楊子亦曰：道以導之，德以得之，仁以人之，義以宜之，禮以體之，天也。合則渾，離則散，蓋道德者，仁義禮之大全，而仁義禮者，道德之一偏。黄老之學貴合而賤離，故以道爲本，六經之教，於渾者略，於散者詳，故以仁義禮爲用。遷之論大道也，先黄老而後六經，豈非有見於此而發哉。又曰：史稱崔浩自比張良，謂稽古過之。以臣觀之，浩曾不及荀賈，何敢望子房乎。夫以其精治身，以緒餘治天下，功成事遂，奉身而退，道家之流也。觀天文，察時變，以輔人事，明於末而不知本，陰陽家之流也。子房始游下邳，受書於圯上老人，終日願棄人間事，從赤松游，則其術蓋出於道家也。浩精於術數之學，其言熒惑之入秦，彗星之滅晋，與夫兔出後宫，姚興獻女之事，尤異，及黜莊老乃以爲矯誣之言，則其術蓋出於陰陽而已，此其所以不同也。

并見《淮海集》

田諫議錫尺木贊序曰：「龍之興也，階於木也；君之起也，人爲階也。抑有無位之聖，韜光之賢，以名迹相參，以材能相濟，如立明之才，乃仲尼之尺木乎，故能發揮春秋以垂聲教也，尹喜之賢，乃老聃之尺木乎，故能詢謀道德以貽後世也。」見《咸平集》

范忠文公鎮曰：「老子著書二篇，言先天至陰陽相與之際，文簡而理備。」見《蜀公集》

晁文元公迥曰：「古今名賢多好讀老莊之書，以其無爲無事之中，有至美至樂之理也。」又曰：「老子曰，五色令人目盲，五音令人耳聾，五味令人口爽。雖聖人矯激太過，而善利之心極於深切，人能不耽耳目之娱，不縱口腹之美，勿問有得，决定無失。」并見《昭德新編》又曰：「老子曰，知常曰明。處世之人，止知晝夜是常，而人如故；出世之人以生死爲晝夜，又知生死是常而性如故。是以明心坦然視生死而無怖。」見《耄智餘書》

盱江李泰伯曰：韓退之有言，老者曰孔子吾師之弟子也，佛者曰孔子吾師之弟子也，爲孔子者，習聞其説，樂其誕而自小也。亦曰吾師亦嘗云爾。佛之説吾不能詳，《曾子問》、《老子列傳》則有問禮之事，史未足盡信，《禮記》經之屬也，亦有妄乎。見《退居類稿》

嵩山景迂生晁説之曰：伏羲、文王、周公贊易之後，惟老氏得易之變通屈伸，知柔而貴虛，務應而不得，殷勤以立言，幸乎此書之存也。又曰：王弼注老子《道德經》二篇真得老子之學歟，蓋嚴君平《指歸》之流也，其言仁義與禮不能自用，必待道以用之，天地萬物各得其一，豈特有功於老子哉。九百學者，蓋不可不知乎此也。又曰：弼知佳兵者不祥之器，至於戰勝以喪禮處之，非老子之言，乃不知常善救人，故無棄人，常善救物，故無棄物，獨得諸河上公，而古本無有也，賴傅奕能辨之爾。見本集

李昭玘曰：鬼谷、韓非之書，推本道德，時近玄旨，二子安足知老子哉，其言適中爾。見《樂静先生集》

西臺畢仲游曰：老子曰，失道而後德，失德而後仁，失仁而後禮，禮者，道之華而亂之首也。夫謂禮爲道之華而亂之首，則某所未學，然禮者，固仁義之次，而道德之下也，後人不能以禮治天下，一寓之於法，則法者又禮之次，而仁義之下也。見本集

眉山蘇籀，潁濱文定公之孫也，記其遺言曰：公爲籀講老子數篇，曰，高於孟子二三等矣。又曰，言至道無如五千文。又曰，公老年作詩云，近存八十一章注，從道老聃門下人。蓋老而所造益妙，録録者莫測矣。并見遺言

道德真經集注雜説卷上終

道德真經集注雜説卷下

宋鶴林真逸彭耜纂集

唐高宗乾封元年二月己未，次亳州，幸老君廟，追號曰太上玄元皇帝。

玄宗天寶二年正月景辰，追號玄元皇帝爲大聖祖。聖祖父周上御史大夫敬曰先天太上皇，母益壽氏號先天太后。又天寶十四載十月甲午，頒《御注老子》并《義疏》於天下，又天寶中加號老子《玄通道德經》世并稱之。見《新唐書·藝文志》大中祥符六年八月庚午，詔加老君號曰太上老君混元上德皇帝。次年春正月壬寅，上發東京，丙午至真源縣，戊申，命宰臣王旦奉上册寶，己酉，朝謁太清宮。見《九廟通略》景德二年二月，國子監直講孫奭言：諸子之書，老莊稱首，其道清虛，以自守卑弱，以自持逍遥無爲，養生濟物，皆聖人南面之術也。故先儒論撰以次諸經，唐陸德明撰《經典釋文》三十卷，內《老子釋文》三卷，今諸經及老子釋文共二十七卷，并已雕印頒行，惟闕《莊子釋文》三卷，欲請依《道德經》例，差官校定雕印，詔可。見《國朝會要》天禧三年，天書降乾祐山中，知兖州孫奭上疏曰：朱能小人妄言符瑞，昔唐明皇得靈寶上清護國經寶券，皆王鉷、田同秀等所爲，夫老君聖人降語，固宜不妄，而唐自安史亂離，兩都盪覆，豈天下太平乎。明皇僅得歸闕，復爲輔國刼遷，卒以餒死，豈聖壽無疆長生久視乎。明皇既惑左道，即紊政經，民心用離，變起倉卒，願陛下鑒明皇之召禍，庶幾災害不生，禍亂不作也。見《九朝通略》

方臘亂浙右，聲揺京師，中書舍人程振謂太宰王黼言，宜乘此時言天下弊事，庶幾少革，以順人心。黼不悦，時振兼太子舍人，至東宫太子問焉，振曰：周公作《鴟鴞》之詩，孔子以爲知道，其言不過迨天之未陰雨，綢繆牖户而已。老子亦曰，爲之於未有，治之於未亂，蓋老氏與孔子合者如此，今不固根本於無事之時，而徒争目前之功，非二聖人意也。見《九朝通略》并《東都事略》本傳

李忠定公綱政和六年時，爲比部員外郎，因奏對乞解《易》劄子，略曰：共惟陛下

天縱睿智，輔之以緝熙光明之學，體元用妙，該極象數，萬機之暇，訓釋老莊之書，以開悟天下之學者，辭旨高妙足以發難言之意，而道德性命之理燦如也。夫易無思也，無爲也，寂然不動，感而遂通天下之故，實與老莊之書相爲終始。臣愚伏望斷自宸衷爲之訓釋，以通神明之德，以發乾坤之藴。又題李伯時畫《老子出關圖》詩云：請説常無衆妙門，當時關尹意何勤，青牛西去連沙漠，紫氣東來見瑞氛。妙用不離三十輻，至言都在五千文，世人不解宗慈儉，只欲長生躡白雲。并見《梁谿集》

伊川先生程頤曰：道家之説，更没可闢，唯釋氏之説，衍蔓迷溺至深。又曰：莊生形容道體之語，儘有好處，老氏谷神不死一章，最佳。并見《程氏遺書》

胡文定公安國曰：老氏五千言，如我無事、我好静，我有三寳之説，亦皆至論也。見《語録》

谿堂謝逸《壽亭記》曰：孔子所謂仁者壽，老子所謂死而不亡者壽，釋氏所謂無量壽，三聖人者，其言雖異，其意則同。蓋仁者盡性，盡性則死而不亡，死而不亡，則其壽豈有量哉。彼徒見髮毛爪齒歸於地，涕唾津液歸於水，暖氣歸火，動轉歸風，而以爲其人真死矣，然不知湛然常存，未嘗死也。見《谿堂集》

道鄉鄒忠公浩曰：玄牝之門，取諸吾身，則鼻也。鼻者，息之所由以出入，綿綿若存，用之不勤，則其息深矣。孫叔敖鼻間栩栩然是已。莊子曰：真人之息以踵，衆人之息以喉。屈服者其嗌言若哇，其嗜慾深者其天機淺。《素問》曰：非出入則無以生長壯老已，非升降則無以生長化收藏，升降出入，無器不有，四者之有而貴常守，知此，然後知谷神之所以不死。又曰：虛其心則腹自實，弱其志則骨自强。并見《道鄉集》

康節先生邵雍曰：皇帝王伯者，易之體也，意言象數者，易之用也。三皇同意而異化，五帝同言而異教，三王同象而異觀，五伯同數而異率。同意而異化者，必以道，以道化民者，民亦以道歸之。故尚自然。夫自然者，無爲無有之謂也。無爲者，非不爲也，不固爲者也，故能廣。無有者，非不有也，不固有者也，故能大。廣大悉備而不固爲固有者，其惟三皇乎。是故知能以道化天下者，天下亦以道歸焉。所以有言曰：我無爲而民自化，我無事而民自富，我好静而民自正，我無欲而民自樸。其斯之謂歟。見本集《觀物篇》

邵伯温曰：康節先公以老子爲知《易》之體，以孟子爲知《易》之用。論文中子謂佛爲西方之聖人，不以爲過。見《邵氏聞見録》

東坡書《上清宫碑》云：道家者流，本於黄帝老子，其道以清静無爲爲宗，以虚明應物爲用，以慈儉不争爲行，合於《周易》何思何慮，《論語》仁者静壽之説，如是而已。

謝顯道親見程伊川誦此數語，以爲古今論仁最有妙理。見《邵博聞見後録》、《謝氏語録》亦載

西塘鄭俠曰：俠聞之老子曰：知足不辱，知止不殆。《易》曰：亢之爲言也，知進而不知退，知存而不知亡，知得而不知喪，知進退存亡而不失其正者，其唯聖人乎。然則進退存亡得喪之理，其不一致乎。何其知退知亡知足知止之難，而聖人丁寧讚嘆之深乎。曰：是皆一也，進退有道，則進不易而退不難；存亡有道，則存不喜而亡不憂。進退存亡，一歸於道，時止則止，時行則行，孰不一致哉。又曰：上士聞道，勤而行之；中士聞道，若存若亡；下士聞道，大笑之，不笑不足以爲道。又曰：惟道大，故似不肖，若肖，久矣其細也夫。肖也者，以所養者小故也。俗之所養無非小，是以大者爲不肖。然則欲爲道，正得俗之所謂不肖者，而俗之所不以爲不肖，是皆未足與語夫道。又曰：道大而物小，人之營營而卒乎小者，累於物也。元者，善之長，而至於大之謂也，至而不知其爲大，則同乎道，而與世俗不相似，故天下皆謂我道大，似不肖。蓋衆方察察，髪較而錐競；我獨悶悶，以天下爲不足爲者，宜乎其不相似，故能成其大。大而有之，其去

世俗不能以寸矣，故卒之不肖。下士聞之笑，而後庶幾。夫道不肖則不足以爲道也。又曰：老子曰，水善利萬物又不争，處衆人之所惡，故幾於道。然則汨之隨變，則臭腐濁穢，不可以濯足，亦其自取，不幾於惡乎。思復性者，以是爲鑒，知夫清且明者自我性，而濁且亂者亦自我之有以來之也。去其汨且惑者，而清明在躬，然後揚波淈泥與之偕，而莫吾能化也。以其莫吾能化，彼將寖寖以明潔，而莫之知予力焉。又曰：水之性清，以其出於土也，而土汨之，是以如是其濁也。徐而清之，可以鑒毛髮。人之識明，以其出於物也，而物惑之，是以如是其亂也。徐而明之，可以燭日月。夫鼂也清，汨之則濁，濁而徐之復清；鼂也明，惑之則亂，亂而徐之復明也。是濁且亂者，常自外加我；而清且明者，在我而已。經曰，天地相合，以降甘露，人莫之令而自均。夫雨露之在天地，細故也，而猶平均如是，況於人之靈識乎。又曰，三代而上，無有孔孟老莊釋氏之教，遇帝而帝，遇王而王，而衰周以降，乃有三氏之教，其實憂世之溺，而致所以濟之者云耳。又嘗自作《大慶居士序》曰：居士本儒學，以孔氏爲宗，得老氏之説以明。

以上并見《西塘集》

葉夢得曰：刪《書》斷自堯舜，而《易》獨及伏羲、神農、黄帝，然後知堯而上蓋有其人，六經存而不論。嘗試會之以心，則其説曰：易無思也，無爲也，寂然不動，感而遂通天下之故。非天下之至神，孰能與於此。然後知伏羲、神農、黄帝至于堯舜，世而相傳者，皆不出乎《易》。退而質諸老氏，則與《易》異者無幾。又曰：《論語》記竊比於我老彭。後孔子者孟子，孟子之於儒，蓋秋毫不以少亂也，其拒楊墨、排儀秦，過於桀紂，終不及老氏，乃其言盡心知性以至於命，則老氏之所深致意也。然後知老氏之書，孔孟所未嘗廢。又曰：老氏之書，其與孔子異者，皆矯世之辭，而所同者，皆合於《易》。後老氏數百年復有佛氏者出，其辭益荒遠深妙，不近人情，而要其至到，與老氏殆相爲表裏。并見《經注》又曰：老氏論氣，欲專氣致柔，如嬰兒；孟子論氣，以至大至剛，直養而無害，充塞乎天地之間。二者正相反，從老氏則廢孟子，從孟子則廢老氏。以吾觀之二説，正不相反，人氣散之，則與物敵而剛，專之則反於己而柔。剛不可以勝剛，勝剛者必以柔，則專氣者乃所以爲直也。直養而無害於外，則不謂持其志，毋暴其氣，當如曾子之守約，約之至積而反於微，則直養者乃所以爲柔也。故知道之至者，本自無二。見石林《巖下放言》

北山程俱《老子論》曰：可道之道，以之制行；可名之名，以之立言。至於不可道之常道、不可名之常名，則聖人未之敢以示人。非藏於密而不以示人也，不可得而示人焉耳。故西方之聖人，其所示見設爲乘者三，演爲分者十二，命之曰教。若夫傳於教外者，則其不可道與不可名者也。中國之聖人，祖唐虞，憲文武，以訂詩書禮樂之文，命之曰經。若夫其所以言，猶履之非迹者，則其不可道與不可名者也。故老子著五千之文，將以示天下，迪後世。蓋非退於道冥而獨於己者，故其發言之首以謂可道之道、可名之名者，五千文之所具也。若夫千聖之所不傳者，不可得而言也。又曰：天地人一原耳。天之所以爲天，地之所以爲地，人之所以爲人者固同，而天地之能長且久，而人獨不然何哉。天不知其爲天，地不知其爲地，今一受其形而爲人，則認以爲己，曰人耳人耳，謂其養生不可以無物也，則騁無益之求，謂其有身不可以不愛也。而營分表之事，厚其生而生愈傷，養其軀而身愈病，其不爲中道夭者亦幸矣。老氏之旨如此，而未之思者，以謂黄老之徒率畏死而求長生者，豈不惑哉。夫人而無生，道安所載。然世之喪其生者，蓋反以有其生爲累，有其生者且猶老氏之深戒，而謂其外於道而求長生乎。未之思也。

又曰：萬物之變，莫大乎死生，人之爲道，超然於生之際，則無餘事耳。生果來乎，死果往乎，以生爲實來，則吾之所從來者宜可知矣，南北耶，東西耶，上下耶，審不可以言也，而謂之實來，可乎；以死爲實往，則吾之所從往者宜可知矣，心耶，物耶，人耶，天耶，審不可以言也，而謂之實往可乎。然則吾之生也，前不知其所起，後不知其所斷，貫萬古而常存者，湛然也。然後曉然知我之未嘗生，未嘗死也，將以奚爲死地哉。又曰：衆人之見易遺，聖賢之疵難除，營欲戕性，取舍滑心，衆人之過也。衆人之過大而有迹，故其遺之也易。以覺爲礙，以解爲縛，聖賢之疵也，微而難知，故其除之也難。事之過顯，理之過微，以物爲病顯，以法爲病微，然則理障法病，可勝疵乎。滌除元覽，蓋謂是也。元覽，聖人之所謂獨見者也，人之有是元妙之見，而不除之，是爲解縛，滌除元覽，而即非滌除，則無疵矣。滌除元覽，而存滌除之見，是爲覺礙。又曰：聖人不傷民固也，而能使鬼神亦不傷人，何哉。蓋人之在道，道之在人，猶魚之在水，水之在魚也，亦何生死之辨乎。方其以道莅天下，天下之民，其生也泊焉，所以善其生也；其死也寂然，所以善其死也。寂然而已，鬼安得而神乎。生也如彼，死也如此，尚安復有靈響崇厲之爲哉。又唯常善也，故能救人無棄人，救物無棄物，有爲之善，其能爾乎。唯無積也，故能爲人已

愈有，與人已愈多，住相之施，其能爾乎。推是道以濟天下而度群生，亦何儒釋老之分哉。并見《北山集》

栟櫚鄧肅曰：嘗考道教之所自來，其源出於黄帝，其道盛於老聃，其末流詭異，有真可駭者。其爲家三十有七，其爲書九百九十有三篇。凡有天下者，必崇其道，論其尤者，有三帝焉，秦曰始皇，漢曰武帝，唐曰明皇。是三帝者，才智絶人，蔑視一世，窮六合之大不足以厭其欲，於是浩然有御風騎氣之志，煉丹飛符，雜以左道，自謂其法可配天地，殊不知飛騰之術，卒不能濟，反禍其國，真可痛哉。雖然，漢高祖之取天下也，則張良爲最，其治天下也，則以曹參爲最。良之道蓋慕赤松子，而參之居則避正室以舍蓋公，是則道家之術，又若無負於天下者。蓋漢高祖所以取參與良者，在道之本，不過於清静恭儉無爲，與民息肩而已矣。而始皇、武帝、明皇之所尚者，區區竭力以事其末，故妄誕不經者得以行其志。此治亂賢否所以相絶，不可同日而語也。夫末流滋蔓，變怪百出，可以惑人主而禍天下者，皆非黄帝老聃氏之道。見《栟櫚集》

嚴谷山人江袤曰：夫道，窅然難言哉。謂之道者，蓋假以名道而實非道也。五經之所言，言其略，老聃、列御寇、莊周之所言，言其詳。詳略雖殊，皆有以明道之本。問道又曰：或問老子著書有道德篇，當時所述歟，後人詮次歟。余曰：此不得而知也。余昔於藏書家見古文老子，其言與今所傳大同而小異，考其義一也，唯次序先後與今篇章不倫，亦頗疑後人析之也。曰：道無所不該，而五千文所紀者，可道之道耳；又離而爲德，恐無是義。余曰：道德實同而名異，曰道曰德，亦何所不可也。曰：惡有是言哉，吾嘗讀五經諸子，凡言道德，皆有小大後先之辨，不可概舉，可考而知也。余曰：莊周言一曲之士，判天地之美，析萬物之理，本於道德之不一，重嘆後之學者爲不幸。子亦欲蹈之乎。曰：願聞其旨。曰：聞之無乎不在之謂道，自其所得之謂德。道者，人之所共由；德者，人之所自得也。試以水爲諭，夫湖海之涵浸，與坳堂之所畜，固不同也，其爲水有異乎。江河之傾注，與溝澮之湍激，固不同也，其爲水有異乎。水猶道也，無乎不之，而湖海坳堂江河溝澮自其所得如是也，謂之實同名異，詎不信然。學者之於道，會之以心，視之以神，斟酌飽滿使自足，則德成而有立。進德者至於德兼於道，則同於初矣。由是觀之，道非有餘於德也，道散而德彰；德非不足於道也，德成而道隱。故聖人則備道全美，君子則明道全德，兹所以爲異也。曰：道妙無形，德審有所睹乎。曰：道無方體，德有成虧，有成虧者昭昭於心目之間，豈無所睹耶。合乎道，則無德之可名，别於德則有名之可辨，故曰，道無常名，德有定體。老子之出，當道術之變，其立言皆以明至當之歸，言雖不一，如首有尾，稽其至也，何彼此之辨。《問德》又曰：生於心者不窮，是以命於身者無已。死而復生，生而復死，始終之端，如循環無窮。老氏言出生入死，生之徒十有三，死之徒十有三，動之死地十有三，三三而九，自十言之，則出乎生死者一而已。一者謂何，意復命之人乎。士之志於道者，能修身以俟之，直而推之，曲而任之，庶幾乎可以語此。《問命》又曰：或問老聃、列御寇、莊周、孟軻，皆古之得道者也，其立言各欲取信後世，何自相詆忤如此。聃曰，吾有大患，爲吾有身。御寇曰，内觀者取信於身。周曰，吾身非吾有。軻則曰，萬物皆備於我，反身而誠，樂莫大焉。或厭其身之爲患而非其有，或貴其身之皆備而取之足，豈不詆忤耶。余曰：子未之思也，子得其言而未得其所以言。且四肢百骸五臟六腑，該而存焉者謂之身；視聽言貌思性所有也，亦謂之身。身之名則一，而所以爲身者殊。有所謂體，有所謂性。老聃、莊周蓋即體而言之者，御寇孟軻蓋即性而言之者。即體言之，則四肢百骸五臟六腑有之則有患，無之則無患，故不可使之有也。而所謂無者，非亡夫而身之謂，凡動作語嘿不見而已。即性言之，則視聽言貌思，一理所該，萬物皆備，苟内觀焉，可以取足。高之於天，卑之於地，俯仰洞鑒，孰有不備於我者乎，孰有不足於身者乎。以是言之，老聃、莊周之言身，不得不使之無；列御寇、孟軻之言身，不得不使之觀。《問身》又曰：或問何者爲息。余曰：循陰陽以左右，隨子午以消長者是也。其運如未嘗止之輪，其旋如不可盡之環，與元氣交通，晝夜不息。老子、列御寇所謂沖氣者也。子知所以守息，則知所以養氣；知所以養氣，則知所以入道；知所以入道，則抱一禪定，固無殊致也。老子曰，綿綿若存，用之不勤。子歸而求之，斯有得也。《問息》又曰：莊周言養形之士，吹呴呼吸，此特其淺淺者爾。形神俱妙，蓋本於襲氣母。老子曰，玄牝之門，是爲天地根。不死之道，本於是乎。《問氣》又曰：孔子曰，毋意毋我；老氏曰，及吾無身，吾有何患；瞿曇曰，毋眼耳鼻舌身意。人之有生，形色外具，心意内知，必使之無者何哉。蓋無者，萬善之所歸，萬法之所宗，人能外息諸緣，冥心於無，則與道俱矣。其歸一致，若所謂坐忘、息氣、面壁，果殊途哉。衮，字仲長，三衢人，嚴谷山人，則其自號也，

養素丘園，以經術教諸生，紹興間，大臣薦于朝，召對竟，力辭還里，士論高之。并見《嚴谷集》

楊文安公椿，紹興間以從橐侍經筵，有進讀《老子講義》一篇曰：老子曰，我有三寶，寶而持之：一曰慈；二曰儉；三曰不敢爲天下先。夫慈故能勇，儉故能廣，不敢爲天下先故能成器長。臣聞，求道於聰明智力之所及，則心勞而道愈不明。舍聰明智力而求諸日用之間，則簡易至當，道庶幾乎可見矣。任聰明、役智力是弊精神於寡淺者之所爲，以此應物，殆有未能釋然忘情者存焉。故欲慈焉，則失於姑息；欲儉焉，則失於鄙吝；不敢爲天下先，則失於怯懦。是心勞而道愈不明也審矣。有道者，則不然，生知之妙，渾然天成，物之來干我者，初無容心，隨所遇而應之。我無忮心，故能慈；我無欲心，故能儉；我無争心，故不敢爲天下先。其所以日用者，簡易至當，果非由聰明智力之所能成就，非天下之至聖，其孰能與於此。《易》之乾卦曰：體仁足以長人；坤卦曰：坤至柔而動也剛。則得乎仁者有勇之説，故曰慈故能勇。節卦曰：節以制度，不傷財，不害民。則得乎儉以足用之説，故曰儉故能廣。謙卦曰：謙尊而光，卑而不可踰，則得乎一謙而四益具之説，故曰不可爲天下先，故能成器長。大易、老氏之言，若合符節。帝不得不帝，王不得不王。至仁好生，神武不殺，非慈耶：；茅茨土階，惡衣卑服，非儉耶：；不矜不伐，不競不絿，非不敢爲天下先耶。下至兩漢寬仁大度如高祖，幾於慈，以德化民：；如文帝，幾於儉，以柔道理天下：；如光武，幾於不敢爲天下先，是則有天下者，寳其慈且勇，寳其儉且廣，寳其後且先，雖二帝三王，可以追蹤而并美，區區兩漢之主不足進也。又曰：道家者流，其來最遠，爰自黄帝氏作，至周有老聃得其傳，戰國時列御寇、蒙莊之徒和其説，逮秦漢間遂名曰黄老之學。其道以虚無自然爲宗，以清静澹泊爲事，其真以治身，其緒餘以治天下。中古以來，蓋嘗與堯舜周孔之道并行於世，而不相戾異乎。所謂浮屠氏之學者也，浮屠氏本出西方，至漢始入中國，霍去病擊匈奴，獲休屠王祭天金人，顔師古曰：金人即今佛像，明帝夢見金人飛空而下，傅毅以爲西方之聖人，遣使於天竺訪之以歸。自是佛法始流傳于時。究厥所由，其與道家之學本原不同，而塗轍各異，曷不取《道德經》五千文考之，其言微，其旨遠，其文簡而嚴，其義宏以肆，殆與六經相表裏，非若冰炭枘鑿之不相入。後世學者猥曰佛老、佛老云者，吁可怪哉。

并見《芸室集》

光廟在潛邸，程文簡公大昌時爲宫僚，嘗索其所著《易老通言》，大昌以劄子繳納，其略曰：夫老子之可重者何也，秉執樞要而能以道御物，是其長也。貴無賤有而罕言世故者，亦非其或短於此也。故師老子而得者爲漢文帝，蓋其爲治，大抵清心寡欲而淵默樸厚，以涵養天下，其非不事事之謂也，則漢以大治而基業綿固者，得其要用其長故也。至於西晋，則聞其言常以無爲爲治本，而不知無爲者如何其無爲也，意謂解縱法度，拱手無營，可以坐治，無何，紀綱大壞，而天下因以大亂。故王通論之曰：清虚長而晋室亂，非老子之罪也。蓋不得其要而昧其所長也。區區之意，深望殿下采其秉要之理，而以西漢爲法，鑒其談治之略，而以西晋不事事爲戒，則老子之精言妙道皆在殿下運用之中矣。又嘗著《潛藩盛德録》，内一篇曰：某舊得侍談，凡及大道，常取《易·繫》道器與孔子下學上達之語而參言，蓋道器學達可從上下，立爲形容正如燒火，薪能生焰，是上形之道必資下形之器，學乎下，可以達乎上，是薪雖粗實而其英華能炎能上者也。六經論孟説器多而説道少，是蓄薪以求生焰者也。老莊之書説無多於説有，是謂六經説薪已多，不必贅言者也。儒者之於求道，自有六經，宜若無籍於老莊矣。然老莊之書，言微趣深，助發道秘，尤爲精要，苟能博取，當大有補，特不可如晋人談虛，直謂棄損禮樂刑政而天下可以自治焉耳。天下嘗有無薪而能自起火焰者耶。又曰：今道士修老子教者，舍道本不言而及方藥、祈禳等事，其謁失本意又益太遠。惟唐人白居易詩語能明其確，曰：何況元元皇帝道德五千言，不言藥，不言仙，不言白日升青天。元元皇帝即老子也。道家以老子爲教祖，而八十一章自清静寡欲之外，别無一語他及，如何鑿空妄云有藥有仙，及祈禳騰厭等事耶。恭蒙聖諭以某言爲是，且明誦白詩上語全文，益深嘉居易之談老子能得要妙也。并見本集 又曰：世之尊老氏而謂上乎五三六經，疑老氏而誚其空虛無用，皆不得爲知老氏者。乃若老氏之高致則有在矣，知道之奥而談無，曲盡其妙，運器以道，而在有不局於有，凡六經主於紀迹，而不暇究言者，此書實皆竭告也，則論孟之所務明者，於此乎加詳矣，是故其書得與六經并行也。

見《易老通言》

沈莊仲問晦庵先生朱文公曰：常有欲以觀其徼，是如何。文公曰：徼是邊徼，如邊界相似，是説那應接處。向來人皆作常無常有點，不若只作常無欲常有欲看。又問：道可道，如何解。文公曰：道而可道，則非常道；名而可名，則非常名。又問玄之義，文公曰：玄只是深遠而至於黑卒卒地，便是衆妙所在。

張以道問載營魄抱一能無離乎之義，文公曰：魄是一，魂是二，一是水，二是火，二抱一，火守水，魂載魄，動守静也。

文公曰：多藏必厚亡，老子説得也是好。

陳仲亨問《周書》曰：將欲敗之，必姑輔之；將欲取之，必姑與之，今《周書》何緣無之。文公曰：此便是老子裏數句，是周時有這般書，老子爲柱下史，故多見之，孔子所以適周問禮之屬也。

黄義剛問：原壤看來也是學那老子。文公曰：他也不似老子，老子却不恁地。莊仲曰：却似莊子。曰：是便是，夫子時已自有這樣人了。莊仲曰：莊子雖以老子爲宗，然老子之學却尚要出來應世，莊子却不如此。曰：莊子説得較開闊、較高遠，然却較虚，走了那老子意思，若在老子當時看來，也不甚喜他如此説。

或問：老子之道，曹參、文帝用之皆有效，何故以王謝之力量，反做不成。文公曰：王導、謝安又何曾得老子妙處。文公曰：如漢文帝曹參便是用老子之效，然他又只得老子皮膚，凡事只是包容因循將去。

郭德元問：老子云，夫禮忠信之薄而亂之首，孔子又却問禮於他，不知何故。文公曰：他曉得禮之曲折。某初間疑有兩箇老聃，横渠亦意其如此，今看得來，不是如此。他曾爲柱下史，於禮自是理會得，所以與孔子説得如此好。只是他又説這箇物事不用得亦可，一似聖人用禮時反若多事，所以如此説。《禮運》中謀用是作，而兵由此起等語，便自有這箇意思。

文公曰：老子之術沖嗇不肯役精神。又曰：老氏初只是清静無爲，清静無爲却帶得長生不死，後來却只説得長生不死一項。如今恰成箇巫祝，專只理會厭禱祈禳，這自經兩節變了。又曰：伯夷微似老子。又曰：子房深於老子之學，曹參學之有體而無用。又曰：孟子以後人物，只有子房與孔明。子房之學出於黄老，若以比王仲淹則不似其細密。又曰：楊子雲作《太玄》，亦自莊老來，惟寂惟寞可見。又曰：文中有志於天下，亦識得三代制度，較之房魏諸公又稍有些本領。若究其議論本原處，亦只自莊老中來。

或問：晉宋時人多説莊老，然恐其亦未足以盡莊老之實處。文公曰：當時諸公只是借他言語來，蓋覆那滅棄禮法之行耳，據其心下污濁紛擾，如何理會得莊老底意思。

文公曰：康節嘗言，老氏得易之體，孟子得易之用，非也。老子自有老子之體用，孟子自有孟子之體用。將欲取之，必固與之，此老子之體用也。存心養性，充廣其四端，此孟子之體用也。又曰：康節之學，似老子，只是自要尋箇寬閑快活處，人皆害他不得。張子房亦是如此，方衆人紛拏擾擾時，它自在背處。萬人傑因問《擊壤集序》以道觀道等説，果爲無病否。曰：謂之無病不可，謂之有病亦不可，渠自是一樣意思，如以天下觀天下，其説出於老子。

陳器之問：孟子平旦之氣甚微小，如何會養得完全。文公曰：不能存得夜氣，皆是旦晝所爲壞了。所謂好惡與人相近者幾希。因舉云老子言，治人事天，莫若嗇；夫惟嗇是謂早復，早復謂之重積德，重積德則無不克。大意也與孟子意相似，但它是就養精神處，其意自好。平旦之氣便是旦晝做工夫底樣子，日用間只要此心在這裏。李敬子問：神仙之説，有之乎。文公曰：誰人説無，誠有此理，只是他那工夫大段難做，除非百事棄下，辦得那般工夫方做得。

蔡季通云：道士有箇莊老在上，却不會去理會。文公曰：如今秀才讀多少書，理會自家道理不出，他又那得心情去理會莊老。蔡云：列子亦好。曰：列子固好，但説得困弱，不如莊子。問：老子如何。曰：老子又較深厚。文公曰：佛徒其初只是以老莊之言駕説耳，如遠法師文字、肇論之類，皆成片用老莊之意，然他只是説，都不行，至達磨來，方始教人自去做，所以後來有禪。以上并見《文公語録》

象山陸九淵曰：異端之説，出於孔子，今人鹵莽，專指佛老爲異端。孔子之時，中國不聞有佛，雖有老氏，其説未甚彰著。夫子之惡鄉原，《論》《孟》中皆見之，獨未見其排老氏，則所謂異端者，非指佛老明矣。見《象山集》

苕溪劉一止行簡曰：竊惟天下之事，下合人心，上合天意，中合大道者，唯有一言，曰公而已矣。老子曰：容乃公，公乃王，王乃天，天乃道。蓋混而爲一，非容不能公，王公之稱謂其容而能公也。王訓大，王者之稱，謂其公而能大也。則是公不可不與王同

德，王不可不與天同道，此天下之至理也。見《苕溪集》

永嘉鄭伯熊景望曰：蓋公治黄老，曹相國參用於齊而稱治。儒家多訾黄老言，何哉。吾嘗杜門終日默坐，謹動作，薄滋味，而心和氣平，百病不侵，節以備其無，推以散其有，不妄求，不過憂，而老者穉者安於恬淡。嘗意此理推之天下有餘地，何獨數百里之齊。孔孟之術豈有外是者，而訾黄老言何哉。蓋今道家所談清淨者，捨此而趨誕也。見《鄭先生讜語》

劉清源曰：老子之言道德，偶從關令之請，矢口而言，肆筆而成書，未嘗分爲九九章也。後人分爲上下二卷，以象兩儀之妙用，九九八十一章，以應太陽之極數。見《道德經通論》序

黄茂材曰：道與德雖有二名，實相爲用，不可離也。今世學者乃分上經爲道，下經

爲德，甚非作書之旨。又曰，《易》六十四卦，八八之數也，《老子》之書八十一章，九九之數也。老子與易相爲表裏，其後楊子雲作《太玄》以準《易》，亦有八十一首，蓋得於此。見《經注》

林東曰：夫子與老氏垂教，蓋亦互相發明，夫子以仁義禮樂爲治天下之具，老子以虚無恬淡明大道之所從出。要之，仁義禮樂，非出於大道而何？而虚無恬淡，乃大道之本旨也。特後世之不善用老氏者，或純尚清虚恬淡，而至於廢務，有以累夫老氏也。且以道心惟微，無爲而治，吾儒未嘗不用。老子如所謂我有三寶，一曰慈，二曰儉，三曰不敢爲天下先；以道佐人主者，不以兵强天下。老子未嘗不用吾儒也。以是而推，則大道之與道一而已矣，特不無本末先後爾。蓋所以互相發明，俱爲憂世而作也。或謂老氏有絶仁棄義，禮爲亂首，得非與夫子背馳。蓋推尊道原之所從出，以仁義禮樂非不可以爲治，不如以道化民，而相忘於吾道之中爲上也。見《經解發題》

劉師立自號真静子，紹熙間人，著《道德經節解》十六篇，今取其五于右。

玄之又玄，謂元之始自然是也，此乃衆妙之門户。首論道，次論天地，又以次論人心，可謂盡之矣。學者當默識之。

玄牝，玄，陽也，牝，陰也，門者，二氣橐籥之門户，如前章云衆妙之門，亦如《語》云，誰能出不由户，何莫由斯道也。大不可泥以口鼻爲玄牝之門，謂天地根，小其老子之説。未有天地，先有元氣是謂天地根。

盈則必虚，戒之在滿；鋭則必鈍，戒之在進；金玉必累，戒之在貪；富貴必淫，戒之在傲；功成名遂必危，戒之在不知止。老子之言深欲救人，非謂絶人事，處山林者可與入道，雖居乎富貴功名之域，皆可勤而行之。張則必歙，强則必弱，興則必廢，與則必奪，物理之自然，是謂微明。微明謂精微明著，昭昭然可考；或以權術解其義；天之道利而不害，若是乎。

或謂孔子以直報怨，今云以德報怨何也。然老子教人惟欲處其柔弱，與天爲徒，而無所争，可以弭天刑，遠人禍，若以直報怨，怨何由己。當時孔子故有所激而言，終不若以德報怨之爲善。

觀復高士謝守灝曰：《道德經》，唐傅奕考覈衆本，勘數其字云：項羽妾本，齊武平五年，彭城人開項羽妾塚得之。安丘望之本，魏太和中，道士寇謙之得之。河上丈人本，齊處士仇嶽傳之。三家本有五千七百二十二字，與韓非《諭老》相參。又洛陽有官本，五千六百三十五字。王弼本有五千六百八十三字，或五千六百一十字。河上公本有五千三百五十五字，或五千五百九十字，并諸家之注多少參差，然歷年既久，各信所傳，或以佗本相參，故舛戾不一。《史記》司馬遷云：老子著書，言道德之意五千餘言。但不滿六千則是五千餘矣。今道家相傳謂老子爲五千文，蓋舉其全數也。

見《老君實録》